Opera Meets New Media

---

*Puccini, Ricordi e gli albori
della moderna industria dello spettacolo*

a cura di
Gabriele Dotto

BERTELSMANN  PRESTEL
Munich · London · New York

Catalogo a cura di
Gabriele Dotto

Coordinamento Generale
"Archivio Storico Ricordi"
Pierluigi Ledda
Helen Müller

Coordinamento
Chiara Gasparini, Alissa Nordmeier

Ricerca d'Archivio
**Maria Pia Ferraris, Chiara Gasparini,
Martina Intiso, Carlo Lanfossi**

Editing
Martina Intiso

Traduzioni
Aurelia Di Meo

Grafica
Alessandro Marchesi

Stampa
Mohn Media Mohndruck GmbH
Stampato in Germania

Questo catalogo è pubblicato
in occasione della mostra

PUCCINI Opera Meets New Media

Ideazione della mostra e curatore principale
Gabriele Dotto

Co-curatrici
Ellen Lockhart e **Christy Thomas Adams**

Ideazione e design strutturale e visuale
Neo.Studio Neumann Schneider Architekten

In copertina:
**Modello digitale 3D di
Hadi Karimi e Leila Khalili, 2024**
© Bertelsmann

All'interno della copertina:
Puccini sul ponte di Brooklyn, 1910
Archivio Storico Ricordi

Copyrights
© 2024 Bertelsmann SE & Co. KGaA/Ricordi & C. S.r.l.

Distribuito in commercio da **Prestel** Verlag
Parte di Penguin Random House Verlagsgruppe GmbH
Neumarkter Strasse 28 · 81673 Munich

ISBN 978-3-7913-7613-4

www.prestel.com

L'editore si riserva espressamente il diritto di sfruttare i contenuti protetti da copyright
di quest'opera per scopi di text e data mining ai sensi dell'art. 44b della legge tedesca
sul diritto d'autore (UrhG), sulla base della direttiva europea sul mercato unico digitale.
Qualsiasi utilizzo non autorizzato costituisce una violazione del diritto d'autore ed è vietato.

Caro lettore, cara lettrice,

dopo oltre dieci anni Bertelsmann torna a presentare al grande pubblico i tesori storici provenienti dall'Archivio Storico Ricordi, uno dei più importanti archivi musicali al mondo. Nel 2013 abbiamo dedicato a Giuseppe Verdi la mostra itinerante internazionale *The Enterprise of Opera*, mentre il nostro nuovo progetto, *Opera Meets New Media*, è dedicato a Giacomo Puccini, scomparso cent'anni fa nel novembre del 1924. I lavori di Puccini, Verdi e altri significativi compositori italiani (attestati da 7.800 partiture, 10.000 libretti, fotografie e riviste, oltre che da 31.000 lettere) hanno trovato una sistemazione definitiva presso l'Archivio Storico Ricordi di Milano.

Dal 1994 questo archivio musicale unico nel suo genere fa parte di Bertelsmann, società internazionale specializzata in media, servizi e formazione. Da allora – e poi di nuovo nel 2006, quando abbiamo venduto il ramo editoriale di Casa Ricordi decidendo però di mantenerne l'archivio – cerchiamo di tutelare un patrimonio mondiale della musica classica e di renderlo accessibile tanto agli studiosi quanto al pubblico generalista, sfruttando piattaforme digitali o, come in quest'occasione, l'esperienza visiva di una mostra composta da opere inestimabili e installazioni moderne. Il nostro obiettivo è dimostrare che l'attività d'archivio non è fine a sé stessa: fornire un accesso innovativo all'Archivio Storico Ricordi ci permette di utilizzarne i materiali come fonte d'ispirazione e conoscenza.

Ed ecco che *Opera Meets New Media* getta una luce nuova sull'"epoca Puccini": la mostra, oltre che concentrarsi sul ruolo giocato dalla casa editrice Ricordi nella carriera e nella produzione del compositore (a livello di distribuzione, marketing e utilizzo commerciale), esplora l'influenza che i nuovi media e le innovazioni tecniche ebbero sul teatro musicale all'epoca. La casa editrice Ricordi giocò un ruolo fondamentale nel processo di industrializzazione e internazionalizzazione del teatro musicale agli albori del Ventesimo secolo, lanciando tendenze che si sarebbero rivelate cruciali sia per la fama internazionale di uno dei compositori di maggior successo della storia, sia per gli innumerevoli compositori, artisti e creativi che sarebbero venuti dopo di lui. Grazie a questo approccio tematico, la mostra partecipa attivamente ai dibattiti oggi in corso sui nuovi media e sul loro impatto dirompente sull'economia, sulla cultura e sulla società.

La mostra *Opera Meets New Media* indaga come gli sconvolgimenti legati ai media possano ispirare e modificare il mondo dell'arte e della cultura; come le innovazioni tecnologiche possano sovvertire le forme d'arte tradizionali e stimolarne di nuove; come – e grazie a chi – un fenomeno nazionale possa trasformarsi in un successo internazionale. Allo stesso tempo lo scopo della mostra è, molto semplicemente, quello di far immergere il pubblico nella bellezza e nella varietà del mondo operistico.

Spero che il catalogo che avete fra le mani sia di vostro gradimento e che *Opera Meets New Media*, il nostro contributo alla celebrazione di Puccini nel 2024, si riveli un'esperienza istruttiva e stimolante.

Buona lettura!

Thomas Rabe
Presidente & CEO di Bertelsmann

01

nelle pagine precedenti:
**Puccini nello studio della sua
casa a Torre del Lago, 1909**

Nota del curatore

Tutto accadde molto rapidamente, o almeno questa fu l'impressione. Benché esistessero da ben prima dell'inizio del Ventesimo secolo, all'epoca il cinema e le registrazioni sonore erano ancora considerati delle novità di nicchia. All'improvviso però sbocciarono, trasformandosi in imprese commerciali di tutto rispetto (nel 1905 il disco di un brano d'opera vendette un milione di copie e nuove sale cinematografiche stavano aprendo in tutte le grandi città) che colsero alla sprovvista gli editori tradizionali.

La trasformazione fu tanto rapida quanto travolgente, dato che il concetto stesso di queste nuove tecnologie risultava dirompente e preoccupante. Per gli editori tradizionali le vendite degli spartiti prosperavano grazie alle esecuzioni amatoriali eseguite da musicisti più o meno dotati, mentre una parte consistente degli introiti di Ricordi - derivanti dalle esecuzioni pubbliche di rappresentazioni dal vivo - dipendeva dalla fama degli artisti che attiravano a teatro il pubblico pagante. Tuttavia, l'avvento delle registrazioni meccaniche di immagini o suoni (spesso interconnessi) creò una nuova possibilità: ora un pubblico ben più ampio poteva godere dello spettacolo offerto dai migliori attori e cantanti dell'epoca, nelle proprie case o all'interno di cinema economici, a più riprese, sempre uguali e senza imperfezioni. Gli editori musicali temevano che questa svolta influenzasse negativamente i loro guadagni: come affrontare una simile sfida? E come riscuotere le royalties che spettavano ai compositori in modo equo ed efficace, sempre che fosse possibile? Un meravigliato Puccini si accorse che, a causa della legge che faticava a tenere il passo della tecnologia, produttori e cantanti si arricchivano mentre i compositori non guadagnavano un centesimo. E si chiedeva - con la medesima preoccupazione - come preservare l'integrità artistica del frutto del proprio ingegno. L'utilizzo non autorizzato della musica classica e degli arrangiamenti popolari (sulla scia del successo dei dischi) che ne adattavano liberamente le melodie rappresentavano nuove forme di pirateria. I critici dell'epoca erano irritati dalla sola idea di considerare le forme "artistiche" del teatro e dell'opera alla stregua di mero "intrattenimento": ci sarebbero voluti anni perché il cinema fosse riconosciuto come la "settima arte" (per usare la definizione coniata dal teorico italiano Ricciotto Canudo agli inizi del Ventesimo secolo), dotata di un suo valore.

Si trattava senza dubbio di sfide che riguardavano tutti i compositori e gli editori di musica colta, ma il fatto che Puccini fosse il compositore operistico vivente più famoso (e, a livello economico, di successo) e che Ricordi fosse una delle più importanti case editrici musicali rende il loro esempio un "caso di studio" particolarmente interessante. Con il senno di poi, né Puccini né il suo editore avevano motivo di temere queste nuove tecnologie; tuttavia è facile capire perché, all'epoca, apparissero come gravi minacce al mondo che conoscevano. Gli editori dovevano adattarsi. Con il passare del tempo, una volta che furono stabiliti equi compensi e un certo controllo sulle licenze, sia la discografia sia il cinema si rivelarono ottimi strumenti di marketing, in grado di attirare verso il repertorio operistico un pubblico nuovo e inatteso. È affascinante analizzare l'abilità con cui Ricordi affrontò queste sfide: rimase infatti fedele alla sua vocazione principale di editore, evitando la tentazione di sposare modelli di business sconosciuti, mentre costruiva un'ampia rete di distribuzione e metteva a punto pratiche pubblicitarie moderne. E affascinante è anche il modo in cui l'editore si mosse per tutelare il lascito di uno dei suoi artisti più preziosi. Irresistibili sono inoltre le notevoli analogie con il periodo che stiamo vivendo, caratterizzato da sconvolgimenti tecnologici che riguardano metodi consolidati di produzione e distribuzione di audio, video e informazione in generale. Se tornassimo al 1893 – anno di *Manon Lescaut*, il primo grande successo di Puccini –, scopriremmo un ambiente cultural-teatrale decisamente a noi estraneo. Se tornassimo invece agli anni Venti del Novecento, ci troveremmo a nostro agio in un mondo che presenta parallelismi straordinari con la nostra epoca.

Tutto ciò va a comporre un panorama che riteniamo intrigante e con cui vogliamo commemorare il centenario della scomparsa di un compositore i cui lavori più amati continuano a dominare i teatri dell'opera e le trasmissioni radiofoniche e televisive di tutto il mondo, commuovendo e divertendo pubblici sempre nuovi, anno dopo anno. Vogliamo commemorarlo con una mostra resa possibile soprattutto dalla ricca ed eccezionale collezione dell'Archivio Storico Ricordi che, oltre ai numerosi e inestimabili artefatti legati direttamente alla musica, ai testi e ai documenti visivi delle opere pubblicate da Ricordi fra Ottocento e Novecento, ospita anche una gamma variegata di corrispondenza, documenti commerciali, rubriche legate alla produzione editoriale, pubblicazioni periodiche e molto altro ancora.

Ringraziamenti

La preparazione di una mostra e di un catalogo di tale complessità si fonda sulla generosa collaborazione e i contributi tecnici e creativi di un'ampia gamma di esperti, archivisti, ricercatori e altri collaboratori ancora, di cui riconosciamo l'apporto con profondo piacere.

Innanzitutto, un sincero ringraziamento all'Archivista dell'Archivio Storico Ricordi, Maria Pia Ferraris, la cui approfondita conoscenza dei beni conservati in Archivio si è rivelata inestimabile in ogni fase della progettazione, così come i suoi numerosi suggerimenti e proposte. Chiara Gasparini dell'Archivio si è confermata, in più occasioni, un'organizzatrice impeccabile malgrado le scadenze ravvicinate e incalzanti. Abbiamo apprezzato moltissimo l'infinita pazienza che entrambe hanno dimostrato a fronte delle nostre innumerevoli (e spesso tardive) richieste. Negli anni dedicati alla preparazione della mostra, Helen Müller di Bertelsmann e Pierluigi Ledda dell'Archivio Storico hanno fornito molti preziosi consigli, contribuendo a condensare un tema estremamente ampio in un risultato chiaro e definito. Alissa Nordmeier di Bertelsmann ha offerto un feedback tempestivo e prezioso sulla mostra e sui testi del catalogo.

I vari autori di questo catalogo si sono generosamente offerti di scrivere saggi fondati sulle rispettive ricerche più recenti, anticipazioni di pubblicazioni più dettagliate che saranno edite in volumi e riviste specializzati: li ringraziamo sentitamente per il loro contributo. Il feedback dei traduttori delle versioni in tedesco e inglese (Anna Herklotz, Lara Wagner, Bernd Weiß e Achim Wurm), che hanno lavorato con tempistiche strettissime, ha contribuito a migliorare i saggi stessi.

Sono molti i collezionisti, ma anche i direttori e gli archivisti di numerose collezioni e biblioteche private e statali, che ci hanno fornito un enorme aiuto velocizzando le nostre ricerche e richieste: siamo onorati di poter ringraziare in questa sede Simonetta Bigongiari; Ivo Blom; British Pathé; Mario Chiodetti; Istituto Luce - Cinecittà S.p.A.; Collezione Fondazione Cassa di Risparmio di Lucca, Fondo Dell'Anna Puccini; G. William Jones Film and Video Collection, Southern Methodist University; Museo nazionale Collezione Salce - Direzione regionale Musei Veneto; Museo Teatrale alla Scala; Teatro La Fenice - Fondo Virgilio Boccardi; UC Berkley Art Museum and Pacific Film Archive e University of California.

Gabriele Dotto
Archivio Storico Ricordi

Indice

1. Puccini e Ricordi - I media del primo Novecento: sfide e opportunità - *Gabriele Dotto* — 12

2. Il disco e l'editoria musicale, una difficile convivenza
Mario Chiodetti — 24

   Saggio iconografico: Dischi a 78 giri — 34

3. Un'esplosione visiva - *Christy Thomas Adams* — 42

4. La Biblioteca cinema di Casa Ricordi
Maurizio Corbella e Francesco Finocchiaro — 60

5. Nuove opere, nuovi mondi: Puccini e le Americhe
Ditlev Rindom — 66

6. Il marchio Puccini - *Ellen Lockhart* — 74

7. Una nuova realtà: le rivoluzioni tecnologiche sfidano lo *status quo* della gestione dei diritti d'autore - *Gabriele Dotto* — 88

8. *Avalon & Cho-Cho-San*. La causa tra Giacomo Puccini e Casa Ricordi del 1923 - *Niccolò Galliano* — 96

9. *Turandot* e la Grande tradizione - *Roger Parker* — 102

   Saggio iconografico: gli schizzi per il finale di *Turandot* — 118

10. L'eredità di Puccini nei documenti dell'Archivio Storico Ricordi - *Maria Pia Ferraris* — 128

Autori — 140
Note — 144
Crediti delle immagini — 148
Illustrazione di copertina — 150

1.

Puccini e Ricordi

I media del primo Novecento: sfide e opportunità

Gabriele Dotto

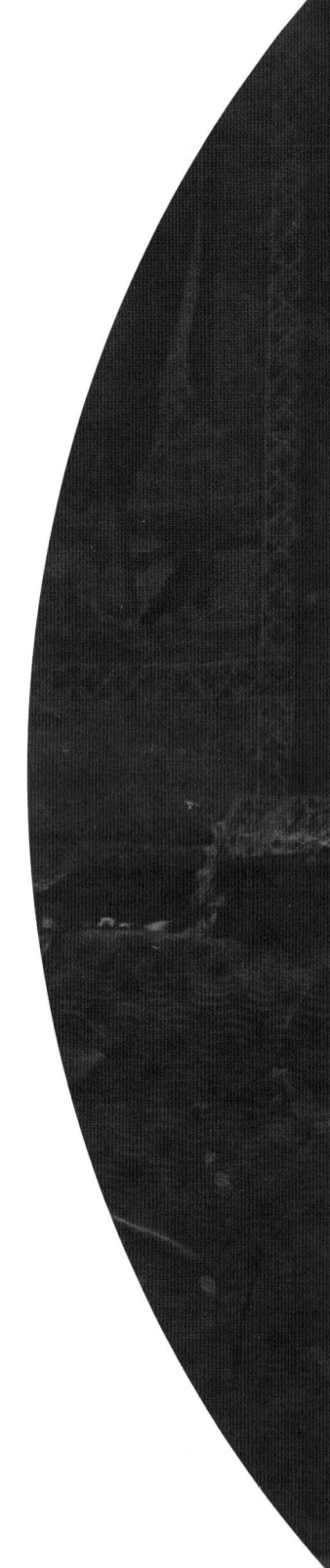

Puccini nella sua casa a Torre del Lago con Giulio Ricordi

Agli albori del Ventesimo secolo, nell'anno successivo alla prima di *Tosca*, Giacomo Puccini ereditò da Giuseppe Verdi il posto di compositore d'opera italiana vivente più famoso al mondo. Il leggendario Verdi era infatti scomparso nel gennaio del 1901, una coincidenza che ricorda la svolta drammatica di un'opera lirica. Ed ecco un'ulteriore, notevole coincidenza (a cui sarebbe difficile credere se non fosse realmente accaduta): l'ultimo capolavoro operistico di Verdi, *Falstaff*, e il primo vero successo di Puccini, *Manon Lescaut*, debuttarono a poche settimane di distanza l'uno dall'altro, come se la Storia stessa volesse sottolineare il passaggio dello scettro da un "re dell'opera" a un altro.

Il concetto di *fin de siècle* è molto importante quando si pensa alla carriera di Puccini. Nella storia della musica sono rari gli artisti che hanno saputo cavalcare due epoche ben distinte riscuotendo in entrambe lo stesso successo: Puccini riuscì a farlo passando dai *Gay Nineties* ai *Tumultuous Teens* e poi ai ruggenti anni Venti; dallo stile dell'Art Nouveau alla nascita dell'Art Déco; dall'epilogo della Belle Époque, con le carrozze trainate da cavalli, all'epoca dei voli aerei e dell'automobile per il mercato di massa. E, naturalmente, dall'epoca delle esecuzioni esclusivamente dal vivo a quella che vide la proliferazione delle tecnologie (dischi, cinema e, in seguito, trasmissioni radiofoniche) che avrebbero avuto un enorme impatto sull'ambiente, legatissimo alla tradizione, del teatro lirico e della musica colta.

Il mondo musicale di Puccini sarebbe appunto sbocciato a cavallo di queste epoche profondamente diverse, ottenendo un successo costante; dopo aver consolidato la propria carriera riuscì persino a sopravvivere ai cambiamenti radicali portati dall'avanguardia musicale dei primi del Novecento. Puccini fu di fatto un diligente studioso di queste trasformazioni e si teneva aggiornato sui nuovi sviluppi musicali, da *Salomè* di Richard Strauss a *Pierrot Lunaire* di Arnold Schönberg. E, benché avvertisse che la propria concezione artistica era distante da questi nuovi linguaggi, mantenne una mentalità decisamente aperta. Il rispetto professionale era ricambiato: era infatti ammirato da Stravinskij, Ravel e Schönberg (secondo cui Puccini era superiore a Verdi). Ai critici coevi non sfuggirono i sottili cambiamenti avvenuti nella musica di Puccini in età matura: recensendo la prima di *Turandot*, un giornalista tedesco osservò che "Puccini ha senza dubbio scritto la musica più raffinata di tutta la sua carriera: spazia da Strauss a Stravinskij, passando da Mahler e Schönberg; conosce ogni cosa e può ottenere quasi tutto, soprattutto con *Turandot*"[1].

Nel complesso, Puccini rimase fedele ai propri ideali di musica e teatro, e la sua coerenza fu ricompensata generosamente. Ciò non significa però che il suo linguaggio musicale non si sia evoluto nel corso degli anni: *La fanciulla del West* (1910), *Suor Angelica* (1918) e la postuma *Turandot* presentano momenti dalla sorprendente modernità armonica e le opere dall'organico orchestrale più esteso mostrano una strumentazione complessa gestita con maestria. Tuttavia, anche se il linguaggio armonico delle opere composte nel Ventesimo secolo si fece più sofisticato, Puccini non si allontanò mai troppo dalle complessità cromatiche del tardissimo Romanticismo. Questo aspetto, abbinato alla sua padronanza dell'espressione vocale e alle sue melodie ineguagliabili (sulla scia della tradizione dei giganti dell'opera che lo avevano preceduto come Rossini, Donizetti, Bellini e Verdi), fu un fattore chiave per il suo successo impareggiabile. Dopo aver ascoltato *La fanciulla*, il compositore modernista Anton Webern scrisse a Schönberg, il suo insegnante, che la trovava "una partitura con un suono originale dall'inizio alla fine, splendida, ogni battuta una sorpresa [...]. Neanche una traccia di *Kitsch* [...]. Devo dire che mi è piaciuta moltissimo".[2] Come osserva lo storico Julian Budden, "nessun compositore comunica col pubblico in modo più diretto di Puccini".[3]

In quegli anni l'editore principale di Puccini, Casa Ricordi, era una potenza dell'editoria musicale e non solo: grazie alle sue rinomate Officine Grafiche era stata celebrata in tutta Europa per le ammiratissime grafiche delle locandine e il design estremamente influente. All'inizio del Novecento l'azienda stava uscendo dalla crisi economica (che aveva colpito tanto l'Italia quanto il resto del mondo) avvenuta nei primi anni Novanta del secolo precedente. Il consolidamento della fama di Puccini grazie a *Manon*, seguito dall'enorme successo de *La bohème* e, sul finire dell'Ottocento, di *Tosca*, giunse in un momento propizio. Con l'avvento del nuovo secolo e il ritorno della prosperità economica, il giro d'affari di Ricordi crebbe, consentendo alla società di costruire un'enorme sede dedicata alla produzione (i lavori iniziarono nel 1908) e, nel 1910, di acquisire un palazzo su più piani che, vicino alla Galleria di Milano, sarebbe diventato il suo nuovo quartier generale.

Abbiamo già accennato al fatto che la carriera di Puccini si sviluppò a cavallo di due epoche ben distinte, e una panoramica sulla sua produzione mostra con chiarezza questa cesura. In effetti, ed è curioso, le dieci opere da lui composte si dividono equamente sui due versanti della divisione cronologica (e metaforica): cinque (*Le Villi*, *Edgar*, *Manon Lescaut*, *La bohème*, *Tosca*) furono scritte nell'Ottocento e cinque (*Madama Butterfly*, *La fanciulla del West*, *La rondine*, *Il trittico*,[4] *Turandot*) nel Novecento. La seconda parte della sua carriera, tuttavia, si sarebbe sviluppata in parallelo a nuove tecnologie che sovvertivano l'ordine costituito, offrendo opportunità importanti (consentirono infatti al repertorio operistico di arrivare a pubblici ampi e fino ad allora mai raggiunti) ma ponendo anche delle sfide significative (riguardo ai guadagni e alla gestione dei diritti).

Come quasi tutti i compositori venuti prima di lui, anche Puccini faticò ad arrivare al successo, almeno all'inizio. Ma la fortuna gli sorrise: se non fosse stato per la ferrea determinazione del suo editore, Giulio Ricordi, che sostenne il giovane compositore nonostante i dubbi espressi dal consiglio d'amministrazione dell'azienda, la sua carriera con Ricordi (o forse in generale) avrebbe potuto arrestarsi prima ancora di avere la possibilità di decollare. Giulio gli offrì un sostegno costante, malgrado l'accoglienza trascurabile ricevuta dalle sue prime opere – *Les Willis* (1884), inizialmente composta da un unico atto, fu poi trasformata in un'"opera-ballo" in due atti intitolata *Le Villi* su insistenza dello stesso Ricordi; ed *Edgar* (1889), in quattro atti, fu pesantemente rivista e infine ridotta a tre atti nel 1892, sempre su consiglio di Giulio –, e rimase al fianco di un uomo dal potenziale, secondo lui, innegabile. La sua intuizione fu confermata (e la sua reputazione di "scopritore di talenti" rafforzata) dal trionfo di *Manon* nel 1893, che lanciò finalmente il compositore verso il successo, consolidato poco tempo dopo da *La bohème* (1896) e *Tosca* (1900). Già nel 1898 George Bernard Shaw, dopo aver assistito a una produzione di *Manon Lescaut* a Londra, scriveva: "Mi sembra che sia Puccini, più di qualsiasi altro suo concorrente, il vero erede di Verdi".

Nuove tecnologie portano nuovi pubblici

L'avvento dei dischi a prezzi più contenuti coincise con un rinnovato interesse per il "miglioramento culturale" che si verificò tanto in Europa quanto oltreo-

03

Manifesto per il film *Tosca* con Francesca Bertini, ispirato sia dal pezzo teatrale di Sardou sia dall'opera di Puccini

04

Puccini e Tito II Ricordi all'inaugurazione delle nuove Officine Ricordi, in Viale Campania, Milano, 1910

INAUGURAZIONE DELLE NUOVE OFFICINE G. RICORDI & C.

Fonotipia, manifesto di Marcello Dudovich

ceano, soprattutto nella borghesia americana in ascesa. "All'inizio del secolo", scrive il musicologo Mark Katz, "il progetto di diffondere la musica classica in tutti gli Stati Uniti si trovava ad affrontare problemi unici nel loro genere: le dimensioni del Paese, l'atteggiamento lassista del governo rispetto alle arti e la possibilità limitata di un'esposizione ripetuta alla 'buona musica'. Il fonografo parve fornire una soluzione: le registrazioni, essendo portatili, economicamente convenienti e ripetibili, resero la musica classica accessibile a tutti gli americani."[5] L'aspetto della "ripetibilità" offriva al repertorio della musica classica un vantaggio interessante e inaspettato. Alcuni psicologi, dopo aver condotto degli esperimenti nel 1924 e nel 1927, arrivarono alla conclusione che, "benché i più giovani sulle prime abbiano gradito l'ascolto di brani popolari come il *Kismet Fox Trot* o il *Sultan One Step*, l'interesse è scemato man mano che gli ascolti si ripetevano; d'altro canto, i soggetti hanno mostrato di trovare più interessanti i dischi di musica classica dopo ogni ascolto".[6]

Un ulteriore e imprevisto vantaggio fu rappresentato dalla popolarità in crescita della musica classica, e dell'opera in particolare, su dischi fonografici, tra pubblici fino a quel momento emarginati. "Grazie alla portabilità del fonografo", scrive Katz, "gli afroamericani furono messi nelle condizioni di ascoltare 'quella classe di musica' a casa, senza doversi recare nei locali pubblici a cui spesso era vietato loro l'accesso. Nel 1916 il "Chicago Defender" [un quotidiano destinato alle comunità afroamericane] parlò della popolarità delle registrazioni classiche fra i neri di classe medio-alta: 'Durante le vacanze di Natale la nostra gente ha speso migliaia di dollari per gli apparecchi Victrola. Ha pagato per ascoltare Tetrazzini, Caruso, Paganini, Madame Schumann-Heink, Geraldine Farrar e altri artisti famosi'. [...] La ricerca della musica classica da parte dei neri non era vista soltanto come un segno di cultura e raffinatezza, ma pure come un tramite per ottenere la parità con i bianchi."[7]

Negli Stati Uniti la crescita dell'interesse verso l'opera fu considerato come una diretta conseguenza delle registrazioni sonore. Nel 1917 il "National Music Monthly" scriveva: "Come mai questo grande interesse ed entusiasmo per l'opera si è sviluppato in modo tanto improvviso? Quasi tutti i profani risponderanno con tre parole: 'Per il fonografo'. Nelle proprie case, la gente ascolta splendidi brani tratti dalle migliori opere, e ha imparato a conoscerne il significato in relazione alle storie delle opere stesse".[8] Il fenomeno contribuì enormemente all'espansione del repertorio operistico di Ricordi nelle Americhe nei primi del Novecento. Allo stesso tempo, tuttavia, la diffusione - caratterizzata da una rapidità eccezionale e da una portata esponenziale - di quel repertorio attraverso le registrazioni e il raggiungimento di pubblici fino ad allora sconosciuti colse alla sprovvista la maggior parte degli editori musicali.

Già nel 1905 Tito Ricordi proponeva con entusiasmo l'idea che la casa editrice collaborasse con una nascente azienda discografica, la Società Italiana di Fonotipia; benché il padre Giulio fosse piuttosto cauto, il consiglio d'amministrazione votò a favore del progetto. Poco tempo dopo, un'altra tecnologia di riproduzione meccanica sembrò catturare l'attenzione del pubblico: il rullo per pianoforte meccanico. Giulio si chiese se quella tecnologia potesse essere più in linea con un altro degli ambiti tradizionali in cui operava l'azienda, ovvero la vendita di pianoforti. Dato che anche il principale concorrente milanese di Ricordi, Sonzogno, pareva interessato, Tito fu incaricato di esplorare la possibilità di lanciarsi nel campo dei rulli per pianoforte. Malgrado fosse stata accantonata una somma ingente per un investimento potenziale, il progetto non si realizzò: in realtà per Ricordi fu un colpo di fortuna, poiché il mercato dei rulli per pianoforte si sarebbe esaurito nel giro di pochi anni, eclissato dal più forte interesse del pubblico per i dischi.[9] A posteriori, quest'episodio offre uno scorcio affascinante sulle prime fasi dei mutamenti tecnologici, un momento in cui erano disponibili numerose possibilità (proprio come accade di nuovo oggi) e in cui scegliere la più promettente era più una questione di fortuna che di lungimiranza. In ultima analisi, il "fattore dirompente" incarnato dai dischi rappresentava una sfida ben più grande al modello imprenditoriale dell'editore: se i rulli per pianoforte potevano influenzare la venerabile tradizione della "creazione casalinga di musica", le registrazioni dei cantanti più famosi rischiavano di allontanare definitivamente il pubblico dai teatri.

Con il passare del tempo persino Tito Ricordi, che era stato ben più entusiasta del padre Giulio rispetto alle opportunità offerte dal nuovo mondo del suono registrato, diventò diffidente verso il suo impatto potenziale sulle fonti di guadagno più tradizionali della casa editrice. Quando *La fanciulla del West* (1910) debuttò a New York, Tito, come scrisse una rivista statunitense dell'epoca, "impedì alle aziende di apparecchiature audio e ai produttori di rulli musicali americani di riprodurre con mezzi meccanici qualsiasi brano tratto dall'opera. Brani selezionati di *Tosca*, *Bohème* e *Madama Butterfly* ottengono ottime vendite sotto forma di rulli per pianoforte e dischi. Parte dell'interesse mostrato dal pubblico per *La fanciulla* è attestato dal fatto che tutti i mille spartiti inviati nel nostro Paese sono stati venduti nel giro di una settimana".[10] (Secondo l'articolo Ricordi temeva che i dischi fonografici e i rulli per pianoforte potessero intaccare le vendite dei suoi spartiti, ma è molto più probabile che Tito fosse preoccupato dalle questioni, in America ancora irrisolte, relative a un'adeguata protezione del copyright e ai compensi ai detentori dei diritti – ovvero il compositore e il suo editore – derivanti dalla vendita delle registrazioni meccaniche prodotte da terzi.)[11] Alla fine, la partecipazione indiretta di Casa Ricordi nell'ambito della produzione di dischi fu pian piano accantonata in favore degli sforzi per tutelare i diritti legati alla proprietà intellettuale (e i guadagni derivanti dai diritti delle esibizioni) a fronte delle nuove tecnologie.

Una sfida di portata simile fu posta dall'enorme crescita, anche tecnologica, del cinema, una forma d'arte che fin da subito mostrò uno spiccato interesse per il repertorio operistico. In questo caso, tuttavia, non c'erano dubbi sul fatto che gli editori musicali dovessero o meno entrare nel mondo della produzione: in gioco c'erano la protezione dei diritti e il concetto, nuovo per l'epoca, delle licenze.[12]

L'espansione del marketing e la creazione di un "marchio" legato al compositore di punta di Ricordi

Per il successo di Ricordi furono essenziali il marketing e la promozione, ambiti nel quale la casa editrice si dimostrò all'avanguardia.[13] Il "New York Times", in un notevole articolo a tutta pagina pubblicato poco dopo la prima mondiale de *La fanciulla del West* e intitolato *Il monopolio musicale che regna sull'opera italiana*, parlò con ammirazione sconfinata dei "Ricordi di Milano", che "da cent'anni costituiscono uno dei pilastri della storia operistica". Paragonando il lavoro promozionale e di marketing svolto da Casa Ricordi in America e quello fatto da altri editori, il quotidiano si chiedeva "dove fosse l'editore" dopo che il Metropolitan Opera aveva messo in scena la prima mondiale di *Königskinder* di Engelbert Humperdinck; lo stesso accadde per *Ariane et Barbe-bleue* di

06

Lettera di Giacomo Puccini a Casa Ricordi, 7 aprile 1905 nella quale si dichiara grato dell'offerta di una quota del 33% degli utili dalle vendite delle registrazioni fonomeccaniche e soddisfatto dell'impegno di bloccare utilizzi non autorizzati della sua musica.

07 - "The New York Times", 8 Gennaio 1911

Paul Dukas: "L'editore verrà? L'editore mostra un qualche interesse?". Ricordi, invece, "è presente e controlla con attenzione ogni dettaglio" e, "non appena il direttore Arturo Toscanini aveva [...] abbassato la bacchetta, dopo che il sipario era calato sull'ultimo atto de La fanciulla, [Tito Ricordi] era già in viaggio alla volta di Chicago per supervisionare la produzione dell'opera in quella città. Non appena lo spettacolo si è concluso" a Chicago, Tito si è diretto verso est, "questa volta verso Boston, in tempo per la prima" che vi si sarebbe svolta. Come sottolinea il giornalista, "il successo [di Puccini] è tanto più travolgente e completo poiché ha alle spalle il sostegno fisico e morale di un'enorme forza commerciale, una forza su cui nessun altro compositore vivente può fare affidamento, ovvero quella dell'editore Ricordi. Con un'energia senza precedenti e una lucidità commerciale senza pari nel suo ambito, il sostegno di Ricordi a Puccini sfida e sconfigge la concorrenza. [...] Pare che, grazie alla spinta di Ricordi, Puccini - se tutto andrà bene - con La fanciulla del West guadagnerà più di quanto Strauss abbia guadagnato a oggi con tutte le sue opere, fra cui ricordiamo successi come Salomè ed Elettra". Senza esagerazione alcuna l'articolo osserva, utilizzando azzeccatissime e piacevoli metafore musicali: "Il clamore con cui le trombe della fama hanno celebrato Puccini negli ultimi quindici anni [ovvero dalla prima de La bohème] è tale che il pubblico spesso sorvola sulla nota di Ricordi nell'accordo intonato da quelle stesse trombe. Resta tuttavia importante: se non è la nota di chiave, resta pur sempre la dominante. Nessuno lo sa meglio dello stesso Puccini; nessuno lo sa meglio degli odierni compositori italiani che non hanno Casa Ricordi alle spalle".[14]

La tutela e la prosecuzione di un'eredità

Anche se il compositore morì prima di poter terminare la sua ultima opera, Turandot, Ricordi lavorò affinché quel capolavoro venisse messo in scena. Fu un progetto complesso, che però rappresentava il giusto riconoscimento dell'eredità di Puccini: la prima alla Scala fu un trionfo, benché dolceamaro (quella sera il direttore Arturo Toscanini interruppe lo spettacolo nel punto in cui il compositore aveva smesso di scrivere: solo nelle performance successive fu eseguito il finale postumo, scritto sulla base degli abbozzi di Puccini). Anche quel capolavoro, seppur incompiuto, entrò giustamente nel suo repertorio standard, a testimoniare la popolarità durevole di Puccini.[15] In un'interessante riflessione sugli sconvolgimenti causati dai nuovi media novecenteschi, il contratto di Puccini per Turandot fu il primo a contenere una clausola che permetteva all'editore di autorizzarne degli adattamenti cinematografici.

La testimonianza di una simbiosi

Lo stile musicale di Puccini si sposava alla perfezione con i gusti dell'epoca e la sua popolarità perdura, inscalfibile, anche a cent'anni dalla morte. Ancora oggi metà della sua produzione (Manon, Bohème, Tosca, Butterfly, Turandot) è un caposaldo delle stagioni operistiche di tutto il mondo, anno dopo anno. Il fascino intrinseco di queste opere - il fatto che "nessun compositore comunica col pubblico in modo più diretto di Puccini", come osserva Budden - ha fatto sì che diventassero una presenza costante nel repertorio. Ciò detto, tuttavia, sarebbe impensabile immaginare che un compositore potesse raggiungere, da solo, il successo *economico* ottenuto da Puccini, senza il sostegno e l'acume commerciale di un editore quale fu Ricordi nella seconda parte della carriera del compositore. Agli inizi del Novecento Puccini era sulla buona strada per diventare uno dei compositori classici più ricchi della storia. Si stima che all'epoca della morte il suo patrimonio equivalesse a oltre 210 milioni di euro attuali,[16] e un simile capitale sarebbe stato inconcepibile per un compositore di musica colta vissuto in epoche precedenti alla sua. A cambiare, ai tempi di Puccini, erano stati il panorama in evoluzione della protezione e dello sfruttamento dei diritti della proprietà intellettuale e lo svilupparsi delle moderne tecniche di marketing; inoltre, aveva avuto la fortuna di aver legato la propria carriera a uno degli editori più aggressivi nel proporre e tutelare quei diritti, oltre a essere in prima linea per quanto riguardava l'innovazione nella produzione e nella promozione.

Ricordi - oltre a gestire le sfide poste dalla tutela della proprietà intellettuale e dal garantire un equo compenso a fronte delle nuove tecnologie - sapeva bene che le tattiche e le tecniche di marketing e promozione dovevano cambiare per affrontare i problemi (ma anche le opportunità) legati alla diffusione del proprio repertorio operistico, portandolo a un pubblico potenzialmente ampio e globale che forse non avrebbe mai assistito a una rappresentazione teatrale dal vivo (anche per scelta). I dischi, i film e in seguito le trasmissioni radiofoniche resero questa forma d'arte e questo repertorio dalla forte tradizione disponibili a un pubblico riconoscente ed entusiasta, di dimensioni inimmaginabili fino a qualche decina di anni prima. Una forma d'arte teatrale nata in Italia alla fine del Cinquecento come intrattenimento esclusivo per le élite in seno alle corti maestose (o alle algide società intellettuali) era approdata, fra il Seicento e i primi del Settecento, a teatri più grandi e costruiti appositamente per le classi più abbienti, per poi raggiungere all'inizio dell'Ottocento una popolarità di più ampio respiro fra i borghesi e la classe dei commercianti. Tutte le fasi che si erano succedute fino a quel momento (dall'epoca delle commissioni aristocratiche a quella degli impresari che programmavano il repertorio da portare sui palchi dei teatri privati o civici, fino al periodo degli editori nelle vesti di organizzatori-imprenditori) sembravano comporre un naturale progresso evolutivo. All'inizio del Novecento, però, giunsero dei cambiamenti di cui nessuno avrebbe potuto immaginare l'impatto. Di certo Ricordi fu ampiamente ripagata per l'investimento fatto sulla carriera di Puccini: ed è quindi nel contesto di questa simbiosi, fra cultura alta e abile spirito imprenditoriale, che la storia delle rapide rivoluzioni tecnologiche dei primi del Novecento sviluppa un fascino particolare. Gli autori dei saggi del presente catalogo analizzano diversi aspetti di queste nuove sfide, il loro dipanarsi e le strategie con cui sono state affrontate dall'artista e dal suo principale editore.

2.

Il disco e l'editoria musicale

una difficile convivenza

Mario Chiodetti

Enrico Caruso, accanto al suo
fonografo "Victrola", 1910 circa

La nascita del disco rappresentò per il mondo sonoro l'equivalente dell'invenzione della ruota, poiché un altro supporto rotondo innescò una nuova rivoluzione, l'ascolto in casa, comodamente seduti in salotto, delle voci dei più celebri interpreti dell'opera lirica, degli attori in voga, dei comici e delle canzonettiste, per non parlare delle bande e delle orchestre o di pianisti e violinisti. Una svolta sensazionale per il mondo degli affari ma anche per il costume, perché il disco diventò presto un oggetto di culto e preda dei collezionisti, pubblicizzato da cataloghi e manifesti disegnati dai più grandi illustratori, raccolto in eleganti album con il logo delle case discografiche più in voga e perfino impreziosito, come nel caso dei prodotti della Società Italiana di Fonotipia, dalla firma dell'interprete incisa nella gomma dura vulcanizzata (*Ebonite*), di cui erano fatti i primi 78 giri, sostituita in seguito dalla gommalacca (lo *shellac*, di tipo *Duranoid*), materiale più costoso utilizzato da Emile Berliner per i suoi prototipi.

Berliner nacque ad Hannover nel 1851 da una famiglia ebraica, e nel 1870 si trasferì negli Stati Uniti dove fece diversi mestieri prima di studiare fisica, creando poi un proprio laboratorio dove incominciò a lavorare alla riproduzione dei suoni, pensando in un primo tempo a un grammofono in miniatura azionato con una manovella, con un disco a incisione laterale come supporto sonoro, considerato poco più che un giocattolo. L'invenzione di Edison, con i fonografi e i cilindri di cera era così superata, e nel 1887 Berliner presentò suo primo brevetto per un disco, e l'anno successivo il suo meccanico di fiducia, Werner Suess, mise a punto un braccio che raccordava il diaframma con la tromba di emissione del suono, creando così il primo grammofono, con la trazione manuale grazie a una manovella e ingranaggi collegati al piatto del giradischi.

La rivoluzione era incominciata. Nel 1896 il disco era in commercio e la Gramophone Company fondata, e destinata a invadere il mercato mondiale in pochi anni passando per Londra, dove Berliner aveva inviato un suo emissario, William Barry Owen, e costituito la Gramophone Company Limited. I grammofoni arrivavano dall'America, i dischi venivano stampati ad Hannover e Fred Gaisberg, anche lui di origini tedesche, l'artefice delle incisioni che costituirono i primi leggendari cataloghi della ditta, era partito dagli Stati Uniti nel 1898 per sbarcare a Liverpool, accompagnato da un macchinario completo per la registrazione acustica.

La sfida era lanciata, la musica riprodotta incominciava a prendere piede, anche se i dischi erano ancora visti con sospetto e in alcuni casi ritenuti quasi strumenti diabolici. Fu lo stesso Owen a creare il logo della Gramophone, acquistando dal pittore Francis Barraud il quadro che raffigurava il cagnolino dell'artista, Nipper, in ascolto davanti al grammofono, e inventando l'etichetta His Master's Voice, diventata in Italia La Voce del Padrone.[1] I dischi -i primi avevano un diametro di 7 pollici, circa 18 centimetri e ruotavano alla velocità di 70 giri, poi diventati 78 con quelli da 15 e 30 centimetri- venivano suonati grazie a una puntina d'acciaio che leggeva i solchi, la vibrazione era amplificata da un diaframma di mica o celluloide poi di alluminio, e trasferito alla tromba di metallo o di legno, nei modelli più costosi.

Diversamente fece la Pathé Frères francese, che promosse l'incisione verticale e l'utilizzo, al posto della puntina metallica, di quella di zaffiro inscalfibile, con il disco letto dal centro verso l'esterno che poteva girare a una velocità variabile da 80 a 120 giri, e l'etichetta incisa nella gommalacca. I Pathé avevano un diametro variabile dai 18 ai 50 centimetri, e i dischi più grandi erano spesso utilizzati nella sonorizzazione dei film muti.

Nel 1899 nasce la filiale italiana della Gramophone Company Limited, con sede a Milano e quindi anche a Napoli, piccola capitale del disco, in Piazza della Borsa. A capo della filiale c'è Alfredo Michäelis, che però nel 1904 fonderà, assieme a Dino Foà, la più raffinata casa discografica nazionale del tempo, la Società Italiana di Fonotipia, in diretta concorrenza con la Gramophone. Direttore artistico è il compositore Umberto Giordano, e la Fonotipia è all'avanguardia, poiché adotta per prima l'incisione su entrambe le facciate del disco, venduto in diversi formati, il più utilizzato dei quali è quello da 27 centimetri di diametro.

Il dado è tratto, e nel 1902 Fred Gaisberg è a Milano, folgorato dalla voce di Enrico Caruso che ha ascoltato alla Scala nella "Germania" di Alberto Franchetti. Il fondatore del catalogo Gramophone parla con Michäelis per sapere quanto avrebbe potuto chiedere Caruso per incidere dieci pezzi. La risposta non si fa attendere: 100 sterline, una cifra enorme per l'epoca, così da Londra arriva il divieto di incidere.

Ma Gaisberg non si dà per vinto: «Questo mi umiliò e compresi l'inutilità di una discussione con i dirigenti londinesi, perché solo chi era sul posto poteva afferrare quell'occasione con la necessaria rapidità. Perciò ordinai a Michäelis di concludere, perché nella peggiore delle ipotesi un profitto di uno scellino per ciascuno dei 2.000 dischi ci sarebbe bastato per coprire le spese. In un pomeriggio soleggiato, Caruso, fresco e gioviale, fece la sua apparizione nel nostro auditorio e in due ore precise cantò dieci arie, accompagnato al piano dal maestro Salvatore Cottone. [...] Neppure una stecca, imperfezione od offuscamento, turbò questa registrazione».[2]

Le dieci arie rappresentano una delle testimonianze più preziose dei primordi del disco, abbatterono i pregiudizi che molti cantanti avevano avuto fino ad allora nei confronti della nuova invenzione, e resero ben 15.000 sterline alla Gramophone Company. È interessante osservare i prezzi al pubblico dei dischi, un genere di lusso, almeno fino all'avvento delle serie più "popolari" come per esempio quella ideata dalla Columbia. Nel 1909, i dischi di Tamagno delle Gramophone, etichetta verde chiaro, costavano 25 lire, ben 105 euro di oggi, quelli di Caruso delle serie etichetta rosa 15,75, pari a 66 euro, mentre il Quartetto dal "Rigoletto", con Caruso, Abbott, Homer e Scotti, etichetta blu, costava ben 31,25 lire, qualcosa come 130 euro!

Nel 1903, i dischi Serie Celebrità della Zonofono, una casa assorbita nel 1904 dalla Gramophone, ma con un catalogo di grande qualità, con nomi quali Caruso, che registrò 7 dischi, oggi rarissimi, Alfonso Garulli, Lelio Casini, Alice Cucini, Fanny Torresella o Antonio Magini-Coletti, costavano 12,50 lire, 55 euro di oggi.

Anche i grammofoni avevano prezzi molto alti, non alla portata di tutte le tasche: nel catalogo 1922, una "macchina parlante" Fonotipia a tromba modello "Smetana" costava 500 lire, pari a 487 euro, mentre il tipo "Petrella" in mogano, con tromba interna, costava la bellezza di 2.200 lire, 2.145 euro odierni.

La sfida che il disco lanciò al mercato della musica -nel 1918 anche Milano ebbe il suo stabilimento per la produzione dei 78 giri della Voce del Padrone- causò una profonda crisi alle case editrici musicali come Ricordi e Sonzogno, che sulla vendita di spartiti basavano una parte importante del fatturato. Ora le voci dei cantanti che si esibivano nei più grandi teatri arrivavano comodamente a casa, grazie al disco e alle macchine parlanti, e perfino Giacomo Puccini si risentì, dichiarando nel 1907 al "New York Times" come Caruso guadagnasse grandi cifre con i dischi cantando i brani delle sue opere mentre a lui non veniva in tasca nulla. Caruso, infatti, con l'aria "Vesti la giubba", dai *Pagliacci* di Leoncavallo, incisa in disco nel 1905, vendette un milione di copie, il primo a raggiungere questo traguardo. La Gramophone Company tra l'altro aveva proposto allo stesso Leoncavallo, a Puccini, Mascagni, Giordano, Franchetti, Cilea e al maestro direttore della Gramophone Carlo Sabaino di comporre una romanza per canto e pianoforte "scritta espressamente pel Grammofono"[3] di cui acquisì i diritti. Caruso incise così un altro hit, "Mattinata", un successo che entrò nelle case di tutto il mondo.

Oltre al danno causato alla vendita degli spartiti, il disco nocque agli editori di musica stampata perché con il suo avvento era più difficile riscuotere i diritti d'autore sulle opere musicali, poiché i dischi potevano essere facilmente duplicati e distribuiti senza il permesso delle case editrici. Ricordi e Sonzogno poi, si muovevano nel settore della musica lirica e classica, mente l'avvento del disco portò alla diffusione di nuovi generi come il jazz, l'operetta o la canzone popolare.

Già nel 1898 le due major dell'editoria musicale avevano intentato una causa alla Società del Grammofono che riguardava il diritto d'autore sulle opere musicali registrate su disco. Ricordi e Sonzogno, infatti, sostenevano che la Gramophone violasse i loro diritti d'autore registrando e distribuendo le opere musicali su cui avevano i diritti senza il loro permesso. La Società del Grammofono, invece, sosteneva che la registrazione su disco non costituisse una violazione del diritto d'autore, in quanto si trattava di una nuova forma di diffusione della musica. La causa fu inizialmente decisa a favore di Ricordi e Sonzogno, tuttavia nel 1902 la Corte di Cassazione italiana ribaltò la sentenza, sostenendo che la registrazione su disco non costituiva una violazione del diritto d'autore, peraltro istituito in Italia nel 1882, prima dell'avvento del disco e tutelante un'opera scritta e non sonorizzata. La sentenza della Corte di Cassazione creò un importante precedente, di cui si sarebbe tenuto conto anche in Europa. Le diatribe legali intorno al diritto d'autore, infatti, furono importanti per porre l'accento sulla mancanza di una legislazione precisa che prendesse atto della nuova realtà della riproduzione meccanica del suono.

La querelle sui diritti d'autore causò anche la rottura tra Giulio Ricordi e il figlio Tito II, con il patriarca scosso dalla nuova invenzione e dubbioso all'idea dell'erede di entrare con una quota nella Società Italiana di Fonotipia. In realtà, come sottolinea lo studioso Stefano Baia Curioni, «Giulio in questi anni considera le innovazioni del "modernismo" un problema più che un'opportunità. La sua passione è altrove, il ruolo che egli assegna alla Ditta ha molto più a che fare con la continuità dello sviluppo del patrimonio musicale italiano che con le nuove tecnologie. Non coglie la connessione tra queste dimensioni»,[4] a differenza di Tito.

La questione dei diritti non era del tutto chiara nemmeno nel 1909, se è vero che in una pagina iniziale del Catalogo Generale Il Grammofono "Dischi Celebrità" della Gramophone Company si leggeva la seguente dicitura: «Provvisoriamente, e senza pregiudizio delle ragioni della Società verso gli editori e gli autori, sulle quali è atteso il giudizio della suprema Corte, i prezzi dei dischi devono essere aumentati del 5% per diritti d'autore, comprovati da speciale francobollo, apposto su ogni etichetta del disco. Non assumiamo nessuna responsabilità pei dischi mancanti di detto francobollo, e invitiamo la nostra spettabile clientela a rifiutarli. I dischi con etichetta giallo-chiaro essendo musica di dominio pubblico non pagano diritti d'autore».

I guai per gli editori musicali non terminarono con l'avvento del disco. Già nel 1906 Ricordi dovette fare i conti con il nascente cinematografo, quindi, negli anni Venti e Trenta, con la capillare diffusione della musica attraverso la radio, che in Italia divenne strumento privilegiato di propaganda durante gli anni del Fascismo. Il disco vinse la sua battaglia, la musica era ormai patrimonio di tutti e con l'evoluzione della tecnologia e l'avvento, nel 1925, dell'incisione elettrica proposta dalla Columbia, in casa si poteva ascoltare un'opera intera, racchiusa in album di più di dieci dischi con il libretto e le fotografie degli interpreti. La rivoluzione sonora era compiuta.

10

Fonotipia, manifesto di Domenico Natoli detto Scapin

Tenore ENRICO CARUSO

84003 Tu non mi vuoi più bene (Pini-Corsi) — Romanza
84004 Tosca (La) (Puccini) — *E lucean le stelle*

84003 Tu non mi vuoi più bene (Pini-Corsi) — Romanza
84006 Ugonotti (Gli) (Meyerbeer) — *Qui sotto il ciel*

84004 Tosca (La) (Puccini) — *E lucean le stelle*
84006 Ugonotti (Gli) (Meyerbeer) — *Qui sotto il ciel*

Tenore F. CONSTANTINO

4247 Cavalleria Rusticana (Mascagni) — Siciliana
4256 Barbiere di Siviglia (Il) (Rossini) — *Ecco ridente in cielo*

4259 Favorita (La) (Donizetti) — *Una vergin, un angiol di Dio*
4271 Iris (Mascagni) — *Apri la tua finestra* - c. o.

4273 Manon Lescaut (Puccini) — *Donna non vidi* - c. o.
4278 Pescatori di Perle (I) (Bizet) — *Mi par d'udire ancor* - c. o.

Tenore RINALDO GRASSI

86170 Aida (Verdi) — *Morir sì pura e bella*
86171 Rigoletto (Verdi) — *È il sol dell'anima*

Tenore MIELI

86101 Mattinata (La) (Leoncavallo) — Romanza
86107 Trovatore (Il) (Verdi) — *Ah sì, ben mio!*

— 2 —

12

Grammofono prodotto dalla Società Italiana di Fonotipia, modello n° 10 "Smetana"

Manifesto di Primo Sinopico
(alias Raoul Chareun) che pubblicizza le
nuove registrazioni del tenore Beniamino Gigli

Catalogo Columbia, 1920

Saggio
Iconografico

Dischi a 78 giri

Alla fine dell'Ottocento i dischi esistevano già da vent'anni, ma le loro vendite si impennarono soltanto in un secondo momento. Rappresentavano una sfida importante per gli editori tradizionali principalmente per via della riproduzione, dato che consentivano ai consumatori di ascoltare i migliori cantanti dell'epoca nella comodità delle loro case. Se da un lato questo portò a una maggiore visibilità del catalogo operistico di Ricordi, dall'altro mise alla prova i suoi classici modelli imprenditoriali, fondati sulla vendita di musica stampata e sul pubblico pagante nei teatri. Tuttavia, quella che a prima vista fu percepita come una sfida dirompente al ruolo dell'editore si rivelò in breve tempo una risorsa promozionale che accrebbe la popolarità della programmazione operistica nel mondo intero. Ricordi, in sostanza, accantonò i progetti di una partecipazione diretta nella produzione di dischi per concentrarsi su metodi efficaci per riscuotere equi compensi legati alle sue proprietà operistiche, approfittando al tempo stesso di questo eccezionale strumento di marketing. Fra le prime soluzioni adottate dall'editore ci fu quella di vendere un numero fisso di "etichette di autorizzazione", che venivano applicate su ogni disco venduto, alle società discografiche (come illustrato dagli esempi qui riportati).

16

17

DISCO "...ALE"
LA FANCIULLA DEL WEST.
"Laggiù nel Solidad."
Soprano, EUGENIA BURZIO.
(11368)
D 9290
MADE IN ENGLAND.
COLUMBIA GRAPHOPHONE COMPANY — NEW YORK / LONDON

18

SOCIETÀ ITALIANA DI FONOTIPIA - MILANO
MARCA DI FABBRICA
LA BOHÈME (Puccini).
Solo di Colline - Vecchia zimarra
Basso NAZZARENO DE ANGELIS
con accompagnamento a grande orchestra
MILANO
B - N. 92443

19

20

84004 - TOSCA - E lucean le stelle - Cant. dal tenore Caruso
36
BREVETÉ S.G.D.G.
PATHÉ
Cie DE L'EDITION PHONOGRAPHIQUE & CINÉMATOGRAPHIQUE
PARIS
ITALIA
63035

21

22

SOCIETÁ ITALIANA DI FONOTIPIA
Sample Record
UNSALEABLE
Nº

23

24

Gramophone Concert Record

Manufactured by The Gramophone and Typewriter L and Sister Companies.

ITALIAN — TENOR

BOHÈME (PUCCINI)
ASPETTI SIGNORINA
EDOARDO GARBIN
Milano.
G. C.-52431

Zonophone Record

INTERNATIONAL ZONOPHONE COMPANY

ITALIAN — TENOR

..... E lucean le stelle
TOSCA
Sig. ORESTE MIELI
Milano.
X-92036

PHONODISC MONDIAL

TOSCA (G. Puccini)
SOLO DI CAVARADOSSI: Recondita armonia
GIUSEPPE ACERBI, tenore
Orchestra diretta dal Maestro V. MARTUCCI
MILANO
N. 326

25

26

FAVORITE RECORD

TRADE MARK
Italian   Tenore

T O S C A
„E lucean le stelle" (Puccini)
Alessandro Scalabrini, Tenore
accompagnamento di piano
Verona
1-35167
Reproduced in Linden

3.

Un'esplosione visiva

Christy Thomas Adams

Il cinematografo all'Arena di Milano,
immagine pubblicata su "L'Illustrazione Italiana"
25 agosto 1907

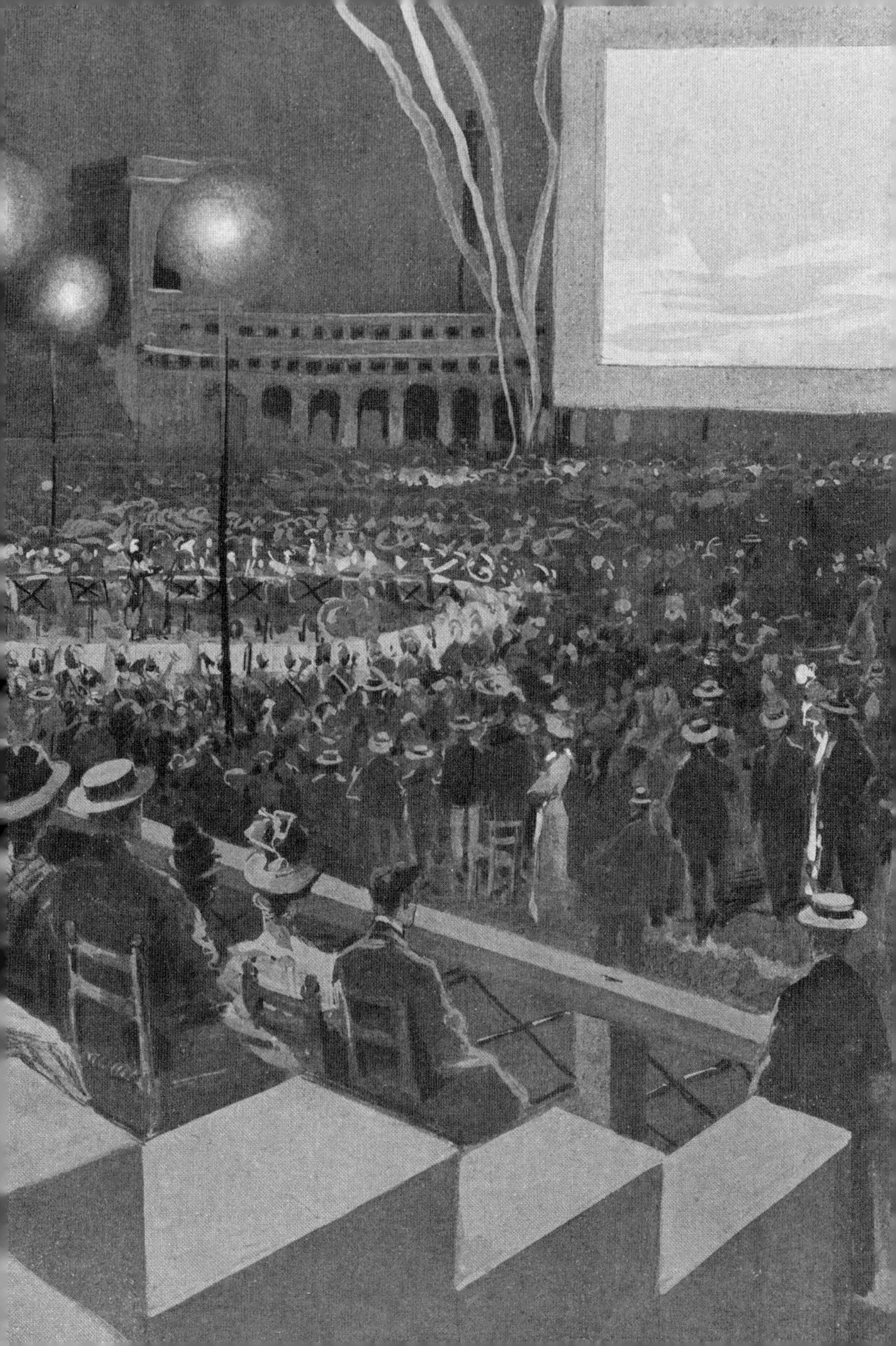

L'opera lirica ha catturato l'immaginazione tecnologica del pubblico fin dall'avvento delle registrazioni sonore, della radio e del cinema. In particolare, i film promettevano di dare vita all'opera al di fuori dei confini tradizionali dei teatri, anche (e forse soprattutto) durante il periodo del cinema muto. L'opera offriva al cinema tematiche prestigiose e allo stesso tempo vendibili, dando credibilità artistica a un nuovo medium che doveva ancora farsi strada nel mondo dell'arte e dell'intrattenimento. Benché Puccini sia scomparso solo pochi anni prima dell'arrivo del cinema col sonoro sincronizzato, gran parte della sua carriera – dalla prima de *La bohème* nel 1896 alla sua morte nel 1924 – si è sviluppata pressoché in parallelo con il nuovo medium tecnologico del cinema, e la possibilità di adattare le sue celeberrime opere per il grande schermo attirava le case di produzione di tutto il mondo.

Storia del cinema muto

In linea generale, si ritiene che il cinema sia comparso intorno al 1895 e la "nascita" del cinema è tradizionalmente legata alla prima proiezione pubblica di un film, a opera di Auguste e Louis Lumière, avvenuta il 28 dicembre di quell'anno. Inventori di tutto il mondo avevano cercato a lungo di mettere a punto dei dispositivi per le immagini in movimento, e i decenni a cavallo fra Ottocento e Novecento assistettero allo sviluppo di numerose tecnologie che si ispiravano a vari esempi antecedenti, fra cui lanterne magiche, stroboscopi e stereoscopia.

La pratica cinematografica degli albori seguiva la falsariga dell'"esibizionismo", caratterizzato da un'enfasi sull'effetto, sullo spettacolo e sulla novità tecnologica. In quegli anni, i film erano perlopiù percepiti come una curiosità meccanica semiscientifica, anziché come un medium specificamente artistico o narrativo; di conseguenza, al di là dell'interesse condiviso per la rappresentazione, sembrava aver poco in comune con l'opera lirica. Assistere alle prime proiezioni cinematografiche veniva spesso considerato come partecipare a spettacoli circensi, panorami in movimento, parchi di divertimento e simili forme di intrattenimento, come sostenevano senza mezzi termini le recensioni dei quotidiani italiani dell'epoca. Nel 1896, un giornale napoletano pubblicizzò l'originalità del medium con eloquenza: "Questa sera riapertura del salone Margherita con programma completamente nuovo. Verrà esposto il Cinematografo Lumière, la più grande novità del secolo […]. In una parola, uno spettacolo attraentissimo".[1] In sostanza, nei primi anni il cinema si differenziava nettamente dall'opera ed era improbabile che venisse considerato una minaccia o una potenziale fonte di influenza nei confronti della forma d'arte musicale più consolidata d'Italia.

Il cinema fece la sua comparsa in Italia nel marzo del 1896, all'incirca un mese dopo la prima de *La bohème*, grazie alla tournée itinerante del Cinématographe Lumière. Nei quattro anni successivi, quando Puccini passò da *La bohème* a *Tosca*, il Cinématographe Lumière fece tappe regolari nelle principali città italiane (passando in più occasioni da Milano, Roma, Torino, Napoli e Firenze), che il compositore visitava abitualmente. A Milano, le prime proiezioni cinematografiche si tennero al Teatro Milanese di corso Vittorio Emanuele 15, a pochi passi dalla Scala e dalla sede di Casa Ricordi, l'editore di Puccini. Il periodo che il compositore trascorse a Milano nella primavera del 1897 e del 1898 coincise con il ritorno in città del Cinématographe Lumière, e anche il suo soggiorno nel capoluogo lombardo tra la fine di febbraio e i primi di giugno del 1900 si sovrappose alle proiezioni. Il Teatro Milanese fu inoltre riservato per alcune proiezioni durante la visita di Puccini in città nel 1899, e a partire dal 1896 almeno altri due teatri nei pressi della Scala furono regolarmente destinati allo stesso scopo.

Il momento di svolta, in cui vari cambiamenti nella produzione e nella ricezione contribuirono ad accrescere le potenzialità del cinema agli occhi dell'industria operistica italiana, si verificò intorno al 1905. Innanzitutto, il cinema iniziò a discostarsi dalle precedenti associazioni con l'esibizionismo e a mettere l'accento su contenuti incentrati sulla narrazione e su generi come avventura, drammi, storia e biografie. In breve, sposando la narrazione, il cinema iniziò a mostrare somiglianze più spiccate con i generi teatrali consolidati, tra cui l'opera. In secondo luogo, sempre intorno al 1905 emerse un'industria italiana indipendente, con l'uscita del primo film nazionale (*La presa di Roma*) il 20 settembre di quell'anno. Fino ad allora soltanto pochi registi italiani indipendenti avevano prodotto i propri film; il resto dei titoli veniva importato, soprattutto dalla Francia. Un quotidiano scrisse che il grande spettacolo pubblico aveva attirato migliaia di spettatori, numeri "quali pochi altri spettacoli possono vantare".[2]

L'editore di Puccini non fu l'unico a intuire l'impatto potenziale del cinema. Già nel 1896, la stampa italiana aveva predetto che il cinema sarebbe diventato così universale da eliminare le altre forme di intrattenimento, ma dal 1905 in poi le congetture si moltiplicarono e i giornali iniziarono a paragonare con maggiore frequenza il cinema al teatro, alla letteratura e persino all'opera.[3] I film stessi, inoltre, diventarono nettamente più lunghi e le previsioni che immaginavano il cinema come un concorrente importante sembrarono realizzarsi. Nell'agosto 1907, un critico scrisse sul "Corriere della Sera" che tre requisiti molto rari (ovvero divertirsi durante un breve spettacolo pagando una cifra irrisoria) rendevano il cinema non soltanto un eccellente sostituto degli altri teatri durante la cosiddetta "stagione morta", ma pure un concorrente eccezionale quando la stagione è allegra e ricca di vitalità.[4] Nel 1908 un critico letterario italiano arrivò a tracciare un parallelismo esplicito fra cinema e opera: "Col sussidio del fratello in democrazia, il grammofono, sostituisce anche l'opera in musica".[5]

Allo stesso tempo il cinema stava diventando più accessibile grazie a proiezioni allestite in luoghi pubblici sempre più numerosi. Il Cinématographe Lumière, per esempio, proiettava film in stanze affittate appositamente, li utilizzava come intermezzi durante gli spettacoli teatrali o dopo la loro conclusione e li inseriva come attrazioni indipendenti nei varietà, nei caffè-concerto o nei chioschi delle fiere. Le prime sale cinematografiche italiane erano nate nel 1896, ma nel 1905 il loro numero crebbe in modo vertiginoso: quell'anno ne aprirono una trentina, ovvero più di quelle inaugurate complessivamente fino ad allora. Nell'agosto del 1907, il "Corriere della Sera" osservò - forse con una punta di malinconia - che i cinema stavano crescendo esponenzialmente, diffondendosi dai centri delle città alle periferie, invadendo vecchi caffè, trattorie e anche teatri, che diventavano quindi obsoleti. Il futuro, ipotizzava il giornalista, sarebbe appartenuto a loro.[6] Nel 1908, il quotidiano torinese "La Stampa" descriveva l'esplosione del nuovo medium senza incertezze: "Come una striscia di polvere pirica sparsa ai quattro venti e accesa a l'uno dei capi, il cinematografo si è sparso con velocità spaventosa per il mondo, e ha invaso i recessi più impervi".[7]

28
Pubblicità per il film *La Tosca* con Sarah Bernhardt prodotto da Le Film D'Art, 1908

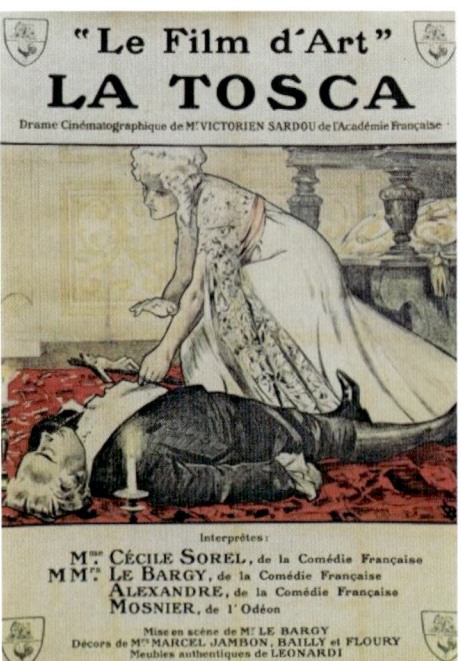

29
Pubblicità per il film *La Tosca*, prodotto da Le Film d'Art, 1909

30

Pubblicità per il film
La vie de Bohème,
protagonista
Alice Brady, 1916

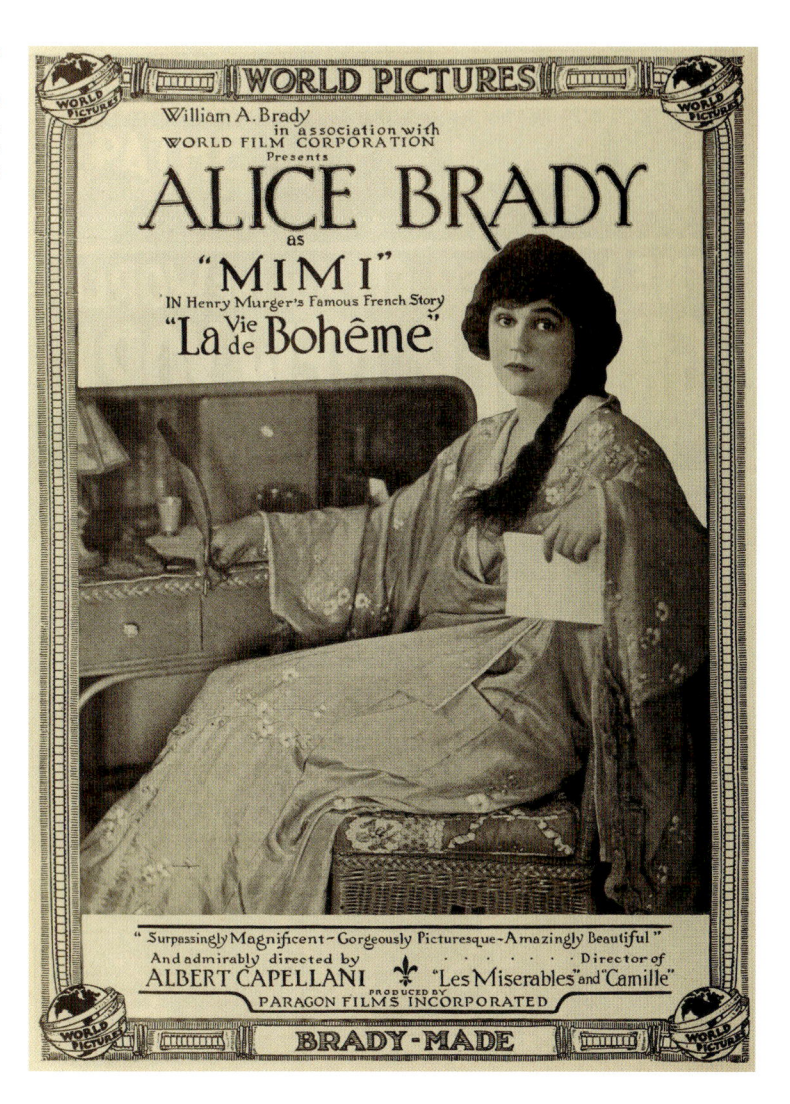

Nelle pagine seguenti

31

Immagini da *La bohème*, 1917

32

Immagini dal film *The Girl of the Golden West*, 1915

33

Cartoline emesse dal cioccolatificio
spagnolo Amatller Marca Luna per *Tosca*, 1918

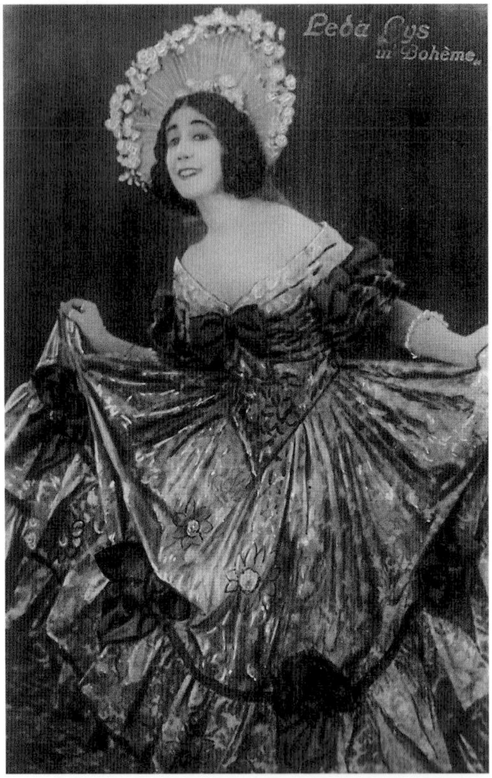
Leda Gys
in' Bohème,,

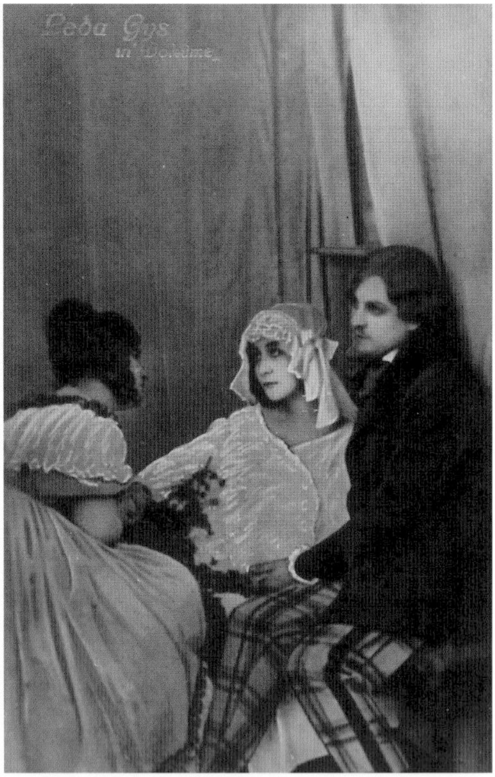
Leda Gys
in' Bohème,,

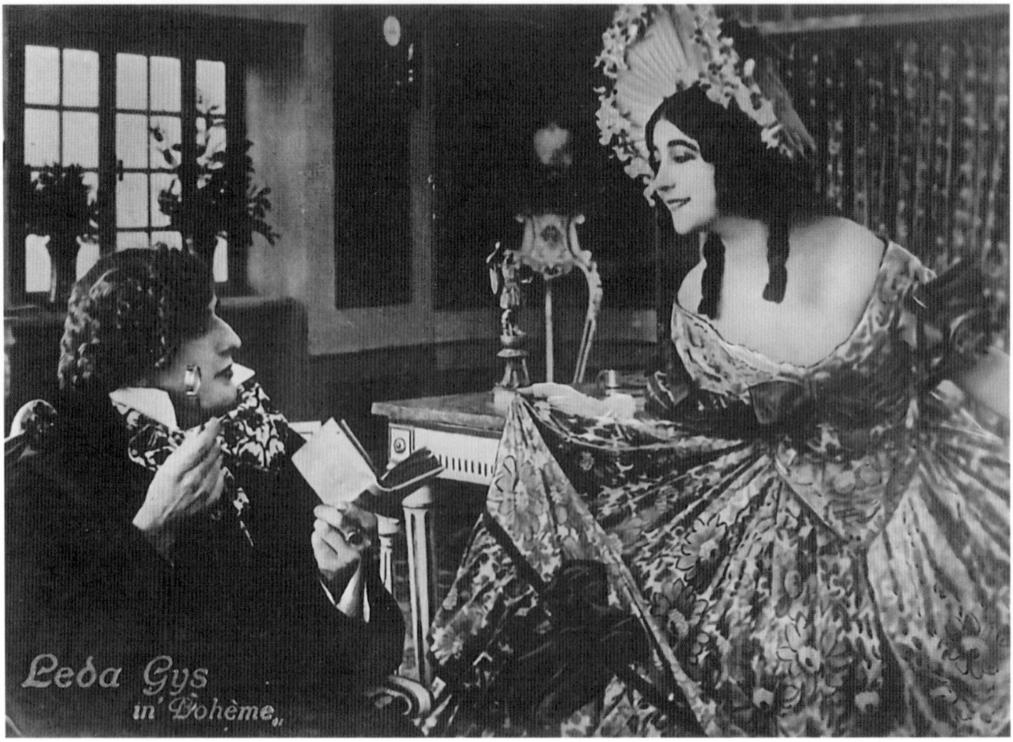
Leda Gys
in' Bohème,,

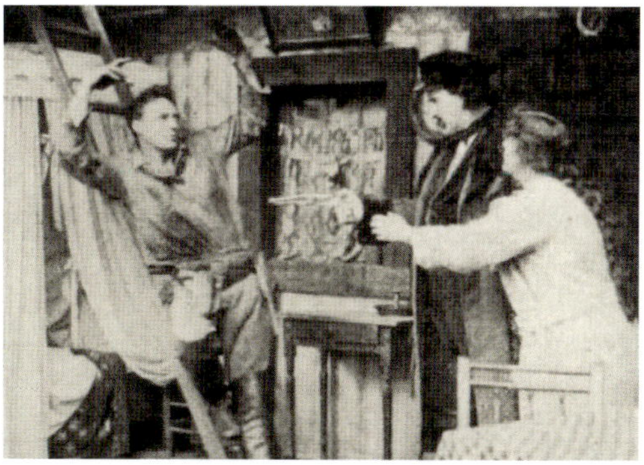

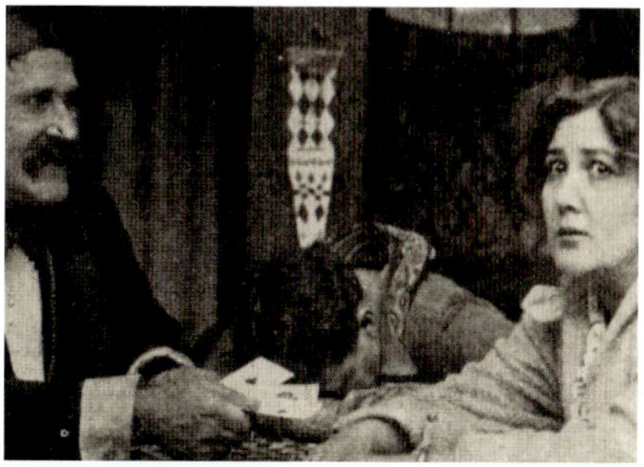

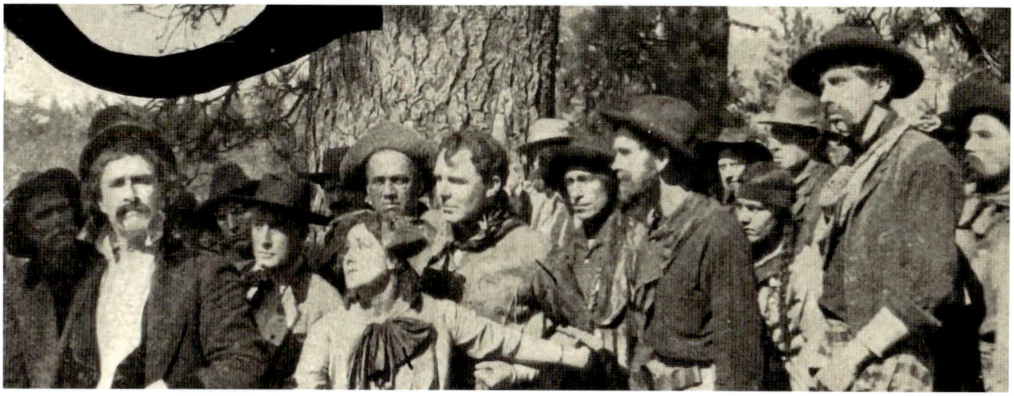

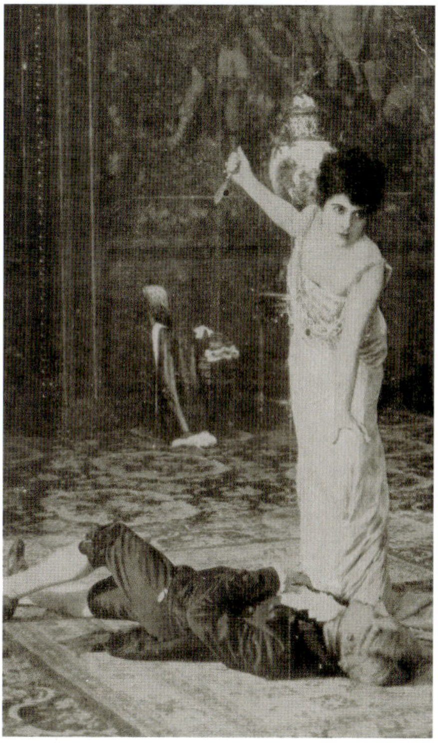

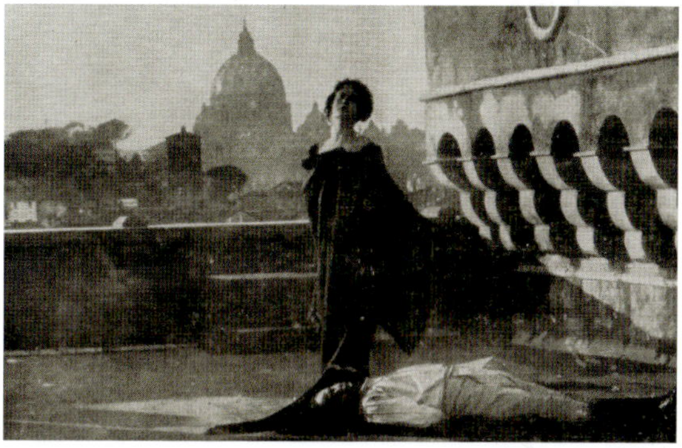

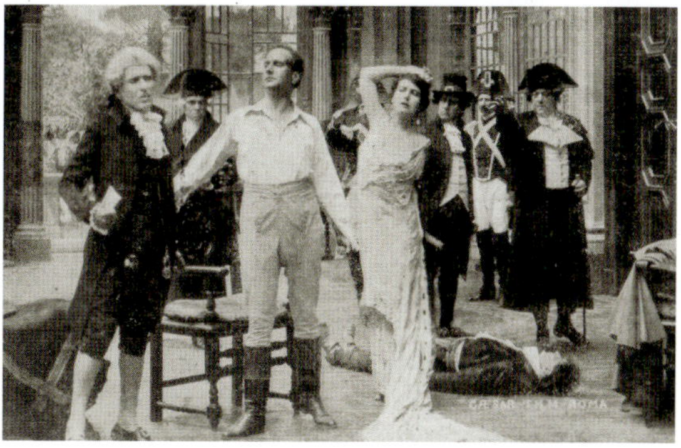

Come dimostrato dagli studiosi, i film muti non erano necessariamente "muti", appunto, ma il rapporto fra le immagini in movimento e la musica era molto diverso da quello delle produzioni realizzate nel periodo del sonoro. In alcuni casi particolari era possibile una certa sincronizzazione fra musica e immagine in movimento, ma in generale l'accompagnamento musicale non era strettamente legato alle immagini che si susseguivano sullo schermo e spesso – a differenza delle colonne sonore odierne – poteva essere sostituito da un altro con relativa semplicità. Nell'epoca del cinema muto le pratiche di accompagnamento, inoltre, cambiavano di Paese in Paese: le raccolte delle musiche messe a disposizione per accompagnare diversi momenti dei film, per esempio, furono disponibili negli Stati Uniti a partire dal 1909 circa, ma vennero pubblicate in Italia solo sul finire degli anni Venti. In linea di massima, la selezione musicale che accompagnava i film veniva fatta dai musicisti locali, forse seguendo i suggerimenti dei gestori dei cinema o le richieste del pubblico. In alternativa alle esecuzioni dal vivo, come accompagnamento venivano usate anche le registrazioni sonore. Benché alcuni film muti fossero dotati di partiture appositamente composte o sincronizzate, si trattava di eccezioni costose, la cui realizzazione richiedeva molto tempo e impegno. Prendiamo come esempio l'Italia: nel 1924, anno della scomparsa di Puccini, solo quarantatré dei quasi diecimila film italiani presentavano un accompagnamento composto ad hoc.

L'opera, Puccini e il cinema muto

Nel periodo del cinema muto in Europa e negli Stati Uniti furono distribuiti circa trenta film dai potenziali legami con le opere di Puccini. *Tosca* e *La bohème* riscossero il maggior interesse (furono realizzati almeno quindici film muti legati a queste opere), ma anche *Madama Butterfly*, *Manon Lescaut*, *La fanciulla del West*, *La rondine* e *Gianni Schicchi* vennero adattate per il grande schermo. I primi film collegati alle opere di Puccini uscirono nel 1908: due adattamenti di *Tosca* (uno realizzato da Nordisk Films e l'altro da Le Film d'Art di Pathé Frères) e uno di *Manon Lescaut* (di Itala Film). Il più noto dei film muti pucciniani realizzati in questo periodo è *La Bohème* dei Metro-Goldwyn-Mayer Studios (1926), in cui recita Lillian Gish per la regia di King Vidor e di cui la pellicola si è conservata integralmente.

Per accompagnare i film ispirati alle opere sarebbe stato possibile scegliere fra una vasta gamma di opzioni musicali: i candidati più probabili sarebbero state le edizioni già pubblicate, come fantasie o arrangiamenti, oppure i pianisti avrebbero potuto improvvisare attingendo a melodie particolari tratte dalle opere. Nella realtà, le pratiche di accompagnamento erano molteplici: si avvalevano di grandi complessi o di orchestre nei cinema più costosi e di piccoli gruppi o musicisti solisti nei teatri più abbordabili. In alternativa, a volte venivano utilizzate delle registrazioni oppure dei cantanti si esibivano dal vivo.

Benché in diverse occasioni Puccini si fosse opposto all'utilizzo della propria musica come accompagnamento per i film, dalla sua corrispondenza con Ricordi si evince che non fosse sempre contrario: le rimostranze erano legate al fatto che la musica venisse utilizzata senza il suo consenso esplicito e senza che gli venissero corrisposte le royalties. Di fatto, il suo contratto per *Turandot* prevedeva una clausola che consentiva a Ricordi di lavorare con le case cinematografiche per adattare le sue opere per il grande schermo.

Anche se a differenza di altri autori contemporanei (come Pietro Mascagni) Puccini non scrisse mai musica appositamente per il cinema, secondo alcuni amici e biografi andava al cinema ed era persino comparso in almeno due film italiani: ne *La vita famigliare del maestro Giacomo Puccini* (1913) che, prodotto da Versilia Film di Viareggio, parlava della sua vita a Torre del Lago, e per un cameo nella commedia *Cura di baci* (1916), prodotto dalla milanese Idea-Film per la regia di Emilio Graziani-Walter. (Anche il suo corteo funebre, che si svolse a Bruxelles, fu ripreso da Pathé, la principale società cinematografica francese.)

Agli albori del cinema c'era un interesse particolare verso l'adattamento delle opere per il grande schermo, soprattutto in Italia. A riscuotere maggior successo erano le opere italiane o i titoli letterari già trasformati in opere. Da una prospettiva più ampia, le stime al ribasso indicano che nel periodo del cinema muto furono realizzati circa centoventicinque film italiani con possibili legami operistici; tali pellicole avevano la tendenza a superare la lunghezza annuale media dei film, spostando l'asticella più in alto sia per questo aspetto, sia per quanto riguardava il contenuto artistico. In Italia spopolavano in particolare le opere di Verdi: soltanto nel suo Paese natale abbiamo notizia di circa trenta film ispirati ai suoi lavori, molti dei quali poi furono esportati in Europa e in America. La scelta delle opere di Verdi per gli adattamenti del cinema muto dipendeva probabilmente dal fatto che era una figura nazionale molto amata, ma anche dal fatto che, nei primi del Novecento, i diritti di tante delle sue prime opere erano scaduti: adattarle per il grande schermo comportava quindi minori complicazioni legali (ed economiche) rispetto a opere più recenti ancora protette dal copyright, come per esempio quelle di Puccini.

Nel periodo del cinema muto, Ricordi ricevette richieste regolari per gli adattamenti cinematografici delle opere, e a riscuotere un certo interesse furono soprattutto quelle di Puccini. A dire il vero, le proposte erano così numerose che l'editore rispondeva soltanto a quelle più serie, accompagnate da offerte in piena regola, anziché prendere in considerazione ogni manifestazione d'interesse per eventuali adattamenti. Sulle prime poche richieste furono inoltrate a Puccini, in molti casi perché si trattava di offerte poco serie: le case cinematografiche spesso non capivano appieno i costi o le difficoltà per ottenere i permessi necessari, e di certo Ricordi non voleva distrarre il compositore dai lavori pressanti in cui si stava cimentando. Quando arrivava una proposta particolarmente promettente, l'editore parlava al compositore del progetto; quando però le richieste si fecero eccessivamente gravose, Ricordi chiese a Puccini carta bianca per stringere accordi con le case cinematografiche: a quel punto, la stesura dei contratti per gli adattamenti cominciò a seguire procedure simili a quelle dei contratti con i teatri che volevano mettere in scena le sue opere. Quando le case cinematografiche si mostravano interessate ad adattare un'opera di Puccini, Ricordi poneva varie clausole; fra queste, c'era la richiesta che qualsiasi adattamento operistico fosse accompagnato dalla musica dell'opera stessa: il film non poteva essere realizzato senza la musica, e l'accompagnamento non poteva provenire da fonti diverse né essere inframmezzato da materiale di nuova composizione. Ricordi, inoltre, esigeva che gli adattamenti cinematografici delle opere fossero accompagnati da una partitura arrangiata appositamente sulla base della musica originale, che veniva considerata inseparabile dalla narrazione drammatica e fondamentale per il successo di un'opera sul grande schermo. In altre parole, l'accompagnamento non poteva essere improvvisato né tratto

34

La prima de *La fanciulla del West*,
al Metropolitan di New York, 1910.
Scena finale, Atto III

35

La fanciulla del West. Disposizione
scenica di Jules Speck Stage Manager
del Metropolitan Opera, 1910

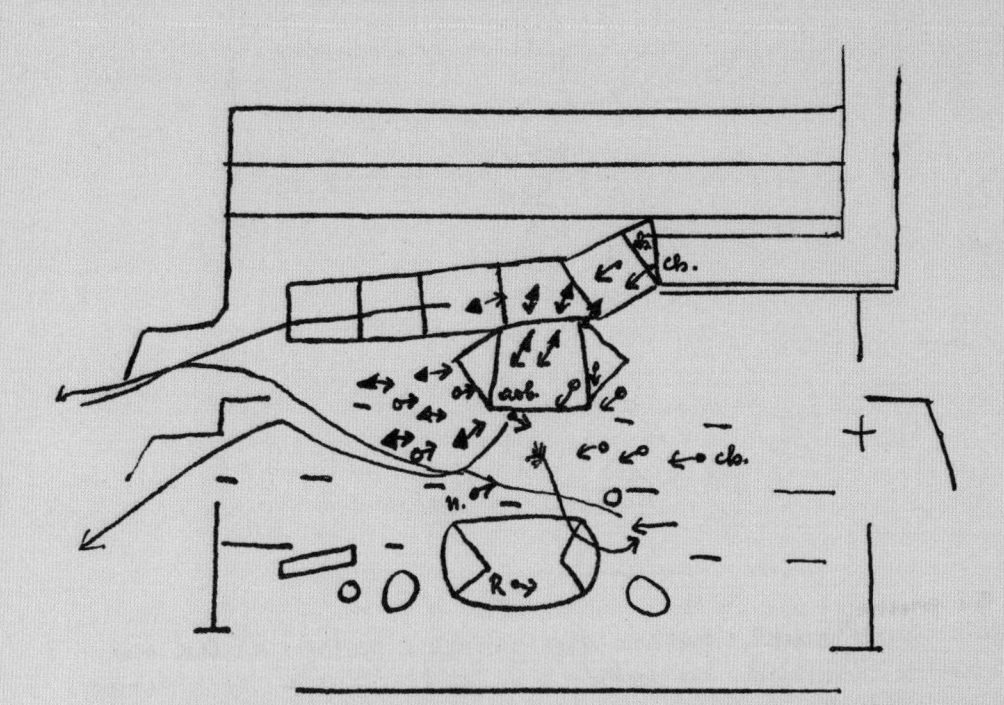

Nick reste au fond, regardant à gauche. Sur les 2 premières mesures, on entend des cris au fond derrière la grande ferme. Sur la 2ème mesure, page 260, quelques choristes entrent du fond praticable à droite, deux ou trois du 3è plan à droite; Nick veut les arrêter en disant: "Dite, dite". Ils répondent en traversant la scène et disparaissent en courant à gauche 2ème et 3ème plan, sur la 3ème mesure, page 261. Nick descend un peu, s'adressant à Rance pour dire: "Sceriffo, avete udito?" et voyant que Rance ne lui répond pas, il remonte sur la pente D au fond, regardant avec inquiétude à droite et à gauche.

Sur la 2ème mesure page 263, le 4ème groupe, Joë, Bello et Harry, suivis de quelques choristes arrivent en courant par la pente du fond, à droite; le 5ème groupe (ténors) entre par le 2ème plan à droite, presqu'en même temps.

Joë dit "Jugge" de la pente D et tous entrent en désordre, descendant en scène jusqu'au terke, et s'adressant à Rance.

da partiture o arrangiamenti già pubblicati. Malgrado questa clausola, la musica di Puccini era talmente popolare da essere utilizzata spesso come accompagnamento per un'ampia gamma di film, che fossero legati alle sue opere oppure semplicemente destinati al grande pubblico. Per quanto riguardava l'utilizzo di stralci operistici come accompagnamento di film di tendenza, Ricordi lasciava che la logistica dei permessi (e delle royalties) venisse gestita dalla Società Italiana degli Autori, e che tali permessi fossero scelti fra le riduzioni che l'editore aveva già predisposto sul proprio catalogo. Di tanto in tanto Ricordi stringeva accordi particolari: permise, per esempio, al Teatro dal Verme di Milano (dove si erano tenute le prime de *Le Villi* di Puccini nel 1884 e di *Pagliacci* di Leoncavallo nel 1892) di utilizzare il "Coro a bocca chiusa" di *Madama Butterfly* per accompagnare *Mister Wu*, un film inglese del 1927 con Lon Chaney.

Opera, film e copyright

Le questioni legate al copyright resero più complicato il rapporto iniziale fra opera e cinema. Nei primi anni del Novecento, era ancora poco chiaro come il copyright si applicasse alla tecnologia cinematografica, relativamente recente, e con il nuovo medium emersero problemi legali circa l'adattamento delle opere per il grande schermo: ecco perché molti dei primi film e delle prime registrazioni sonore furono realizzati partendo da opere protette senza che le royalties venissero corrisposte a compositori e librettisti. Pian piano i vari Paesi iniziarono a rivedere le leggi sul copyright tenendo conto delle registrazioni sonore e del cinema: nel 1908 la Convenzione di Berna (un accordo siglato da un'assemblea internazionale allo scopo di standardizzare la legge sul copyright) chiarì che erano soggetti al copyright e che le tutele dovevano essere simili a quelle in essere per le opere stampate (come spartiti, libretti, libri e via dicendo). Con l'evolversi della legge sul copyright, Ricordi difese con forza la necessità di limitare la riproduzione illecita di qualsiasi opera pubblicata dall'azienda (fra cui quasi tutti i lavori teatrali di Puccini) e procedette per vie legali ogniqualvolta emergeva una registrazione sonora o un film prodotti senza autorizzazione.

Tuttavia, dato che molte opere liriche (comprese quelle di Puccini) si basavano su opere narrative come spettacoli di teatro di prosa, romanzi eccetera, non era sempre chiaro se un film fosse più strettamente collegato alla fonte letteraria originaria dell'opera o all'opera lirica stessa (pur tenendo conto delle modifiche apportate al materiale originario). Quando le informazioni su un film degli albori scarseggiano, spesso è impossibile ricostruire il rapporto preciso fra i potenziali adattamenti cinematografici e le loro fonti operistiche. Un film intitolato *Tosca*, per esempio, poteva basarsi direttamente sull'opera di Puccini o presentare legami con *La Tosca* (1887), il dramma storico di Victorien Sardou che ispirò l'opera pucciniana. Tuttavia, in casi simili in cui il film non era esclusivamente legato all'opera, la musica di Puccini rappresentava comunque un punto d'interesse poiché bisognava capire come accompagnare il film.

Le complicazioni legali relative all'adattamento delle opere per il grande schermo e al loro materiale originario furono in effetti particolarmente rilevanti per *Tosca*. Benché il dramma di Sardou oggi venga raramente messo in scena, nei primi del Novecento era una delle sue opere di maggior successo e fino alla metà degli anni Venti rientrò nel repertorio standard dei teatri di tutto il mondo. L'attrice francese di punta dell'epoca, Sarah Bernhardt, fu particolarmente apprezzata per l'interpretazione del ruolo della protagonista. L'opera di Puccini del 1900, che aveva considerevolmente snellito il dramma originario, era però altrettanto popolare. Gli eredi di Sardou avevano concesso ad alcune case cinematografiche il permesso di adattare la sua opera, ma ricevere quell'autorizzazione non significava poter adattare anche l'opera di Puccini (che spesso rappresentava il vero motivo d'interesse). Nel 1918, con il permesso degli eredi di Sardou ma non di Ricordi, Caesar Film produsse un film, *Tosca*, con Francesca Bertini nel ruolo della protagonista. Bertini era una delle star principali del cinema muto dei primi del Novecento e il film ebbe un successo immediato. La pellicola è sopravvissuta soltanto in parte, ma dall'evidenza giunta a noi il film presentava punti in comune tanto con l'opera di Puccini quanto con il dramma di Sardou; tuttavia, dato che non era esclusivamente legato all'opera ed era stato girato con l'autorizzazione degli eredi di Sardou, da un punto di vista tecnico non infrangeva il copyright dell'opera pucciniana.

Alla luce delle recensioni positive ricevute dal film, la casa cinematografica contattò Ricordi per discutere della possibilità di realizzare una speciale colonna sonora ispirata alla musica di Puccini per accompagnare la pellicola. Dato che il titolo aveva già riscosso successo, sia Ricordi sia Puccini si dissero interessati poiché avrebbero ottenuto ulteriori royalties dall'utilizzo della musica del compositore. Ma avrebbero accettato di far accompagnare il film dalla musica di Puccini soltanto se si fosse trattato di una colonna sonora appositamente sincronizzata, prodotta e approvata da loro. Quando il progetto andò a monte, Ricordi cercò di impedire che la pellicola fosse accompagnata da altri arrangiamenti, edizioni o registrazioni della musica di Puccini. Poiché gli eredi di Sardou avevano dato il loro assenso l'editore non poteva proibire la proiezione del film, ma poteva vietare che la musica di Puccini fosse utilizzata come accompagnamento. La decisione probabilmente dipendeva in parte dal controllo della qualità, e in parte dal complesso tema del copyright. Nello specifico, non era ancora chiaro come questo si sarebbe applicato alla musica per i film in casi simili, e se l'adattamento di una colonna sonora sarebbe stato tutelato finché lo fosse stata l'opera originaria, o se la tutela avrebbe superato la durata standard a partire dal momento della pubblicazione. È inoltre possibile che Ricordi volesse aspettare per far sì che un adattamento cinematografico uscisse in contemporanea con un accompagnamento appositamente sincronizzato, in modo da massimizzare le royalties derivanti dalla colonna sonora, anziché produrre una colonna sonora in seguito, per un film già distribuito.

Verso la fine degli anni Venti, l'utilizzo non autorizzato del repertorio operistico di Ricordi per accompagnare i film dilagò e si moltiplicarono le sfide legate all'applicazione della legge. In linea generale, l'editore si affidava alla collaborazione con la Società Italiana degli Autori per monitorare l'utilizzo illecito della propria musica come accompagnamento dei film: controllavano che fosse indicato che la musica dell'editore veniva usata a quello scopo, ma anche che le pratiche di accompagnamento venissero spiegate nel dettaglio. Il punto di svolta si verificò nel 1927, quando i film sonori approdarono in America (anche se ci sarebbero voluti anni perché arrivassero in Italia). L'editore aveva affrontato frequenti problemi legati all'uso della musica di Puccini per accompagnare una versione cinematografica de *La bohème*

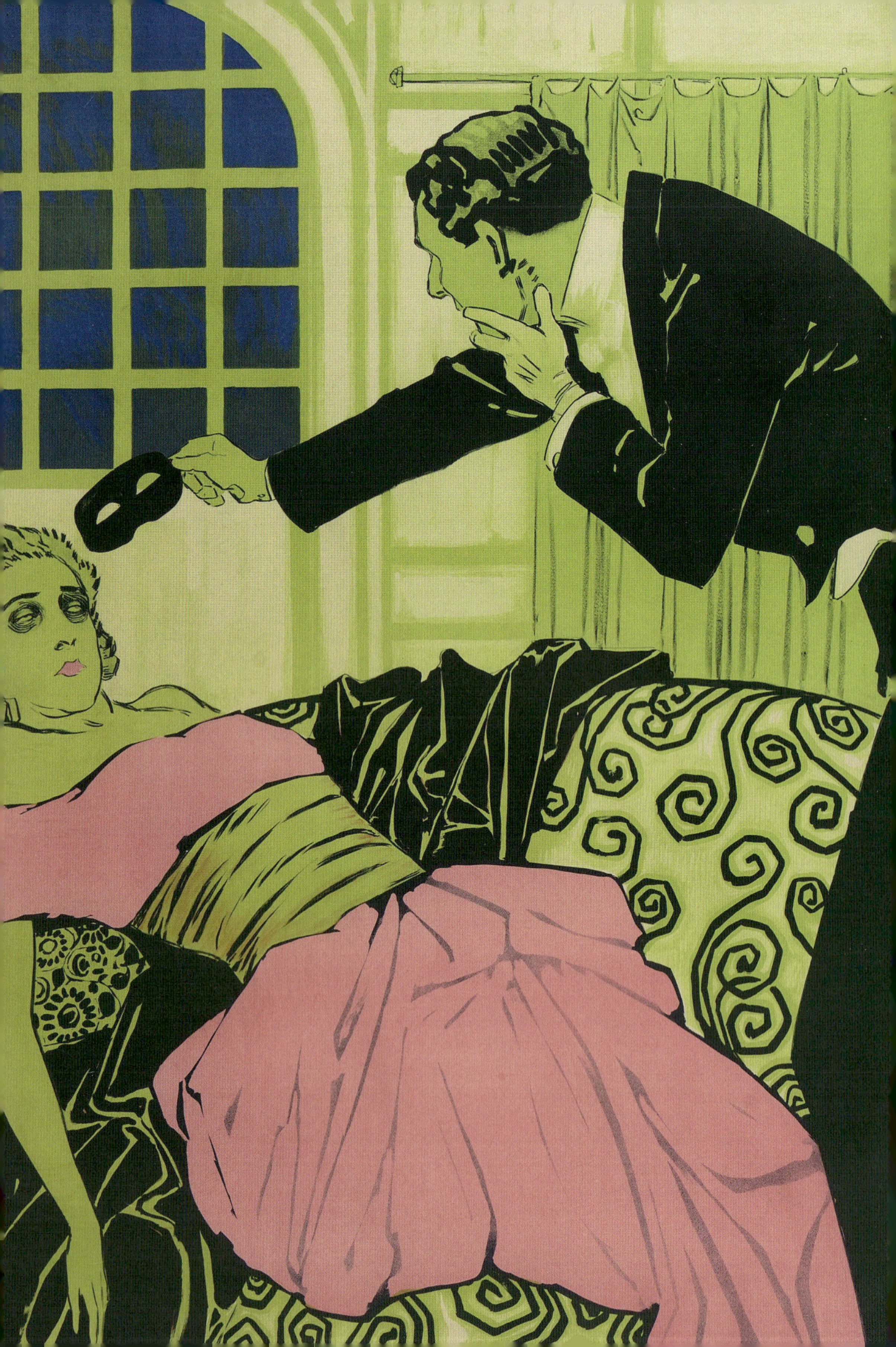

SAVOIA FILM
TORINO

(probabilmente il film del 1926 con Lillian Gish). Dopo aver tentato, in un primo tempo, di proibire l'utilizzo della musica del compositore, Ricordi depose le armi poiché aveva saputo che il film era accompagnato dalla musica di Puccini nei cinema di tutta Italia. Come scrisse alla Società Italiana degli Autori: "E perciò che ci siamo persuasi come praticamente sia difficile mantenere il divieto attualmente esistente, e che di fronte all'estendersi di questo genere di esecuzioni in accompagnamento di film riproducenti il soggetto di pubblico dominio del libretto di nostre opere, sia più conveniente, invece di proibirle, il facilitare tali nuovi generi di rappresentazioni"[8].

Di conseguenza, Ricordi stabilì fasce di prezzo in base alle dimensioni del cinema in questione e al numero di giorni in cui il film sarebbe stato proiettato (200 lire al giorno per i cinema con più di mille posti; 100 lire per quelli con 500-999 posti; 50 lire per quelli con 499 posti o meno; le tariffe venivano raddoppiate per il primo giorno di proiezione).[9] Il cambiamento di politica rappresentò un passo significativo verso un maggiore coinvolgimento con l'industria cinematografica per quanto riguardava l'utilizzo del repertorio dell'editore come accompagnamento dei film, e gettò le basi per le possibilità tecnologiche per sincronizzare musica e immagini in movimento negli anni a venire.

Conclusione

Con la fine dell'epoca del cinema muto, il nuovo grado di sincronizzazione che distingue il cinema sonoro dai suoi antecedenti portò con sé possibilità inedite per le opere liriche adattate per il grande schermo. A differenza delle registrazioni sonore o del cinema muto, il cinema sonoro prometteva di ricongiungere elementi audiovisivi fino ad allora tecnologicamente distinti. Ricordi, inoltre, sapeva che il proprio catalogo musicale rappresentava una risorsa importante per l'industria cinematografica, non soltanto come accompagnamento per i film basati sulle opere ma anche per i film dai soggetti più generici, soprattutto perché la musica, agli albori del sonoro, giocava un ruolo sempre più rilevante nell'esperienza cinematografica. Collaborare con l'industria cinematografica offriva numerose occasioni per rafforzare la centralità dell'opera nella cultura in senso ampio, grazie a nuove opportunità di circolazione legate alla sincronizzazione fra immagine e suono preregistrato.

36 - pagine precedenti

La maschera tragica, manifesto
di Achille Luciano Mauzan per Savoia Film,
uno dei primi produttori a proporre alla Ricordi
di adattare opere liriche al cinema, 1911

37

Il Guarany, manifesto
di Leopoldo Metlicovitz,
uno degli artisti delle
Officine Grafiche Ricordi, 1923

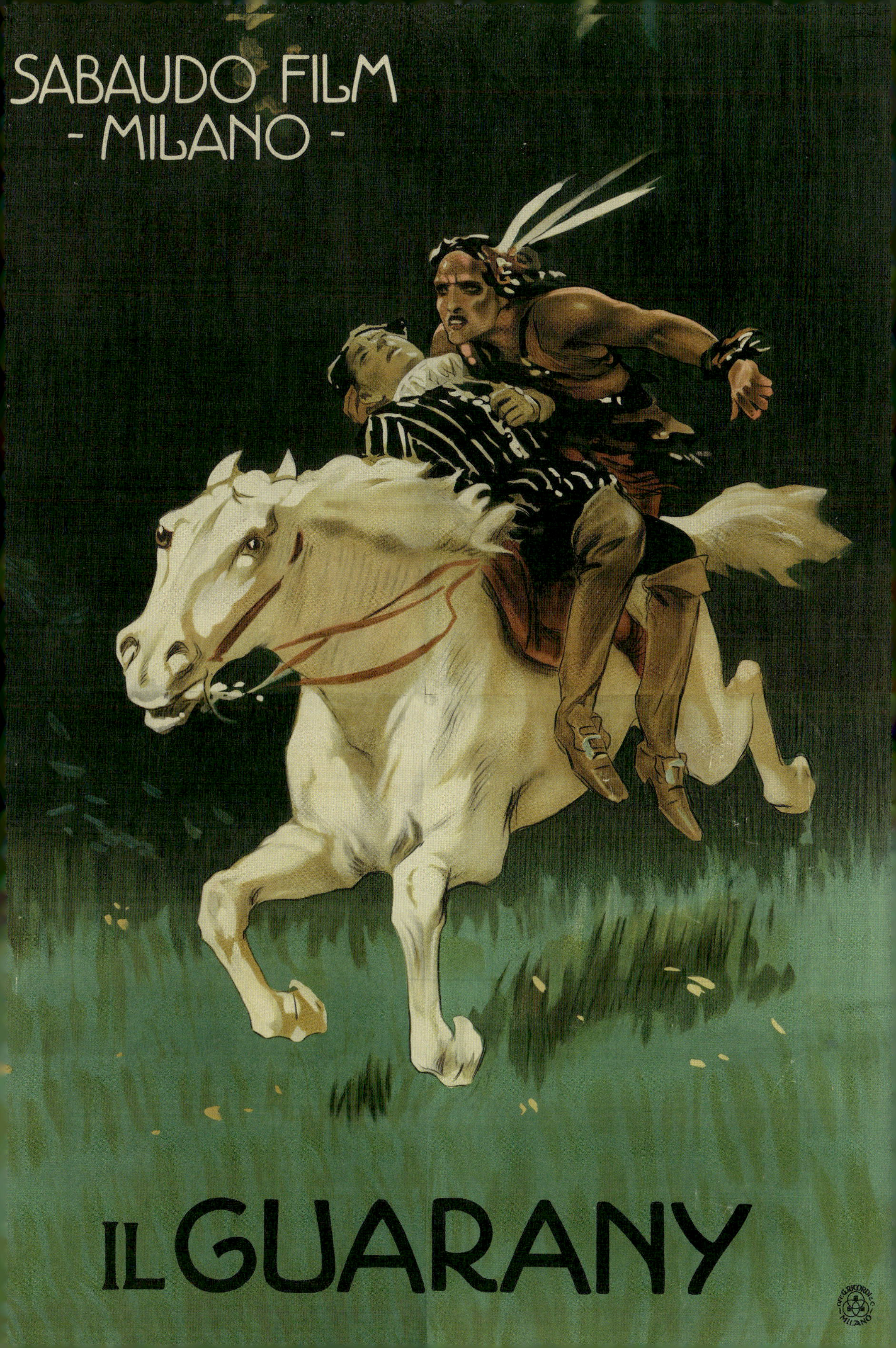
SABAUDO FILM
- MILANO -
IL GUARANY
OFF. G. RICORDI & C.
MILANO

4.
La Biblioteca cinema di Casa Ricordi

Maurizio Corbella
Francesco Finocchiaro

BIBLIOTECA "CINEMA"

120326. I.   IDILLIACA.

120327. II. ESOTICA.

120328. III. SETTECENTESCA.

120329. IV. MARCIA EROICA.

120330. V.   ANGOSCIOSO.

120331. VI. URAGANO.

L'anno della morte di Puccini coincide con l'inizio di una fase di radicale trasformazione del panorama mediale italiano, con ricadute durevoli sulle pratiche di produzione, distribuzione e fruizione musicale: l'inizio delle trasmissioni radiofoniche regolari su scala nazionale (1924), l'affacciarsi graduale dell'industria discografica e la progressiva transizione del cinema nazionale verso il sonoro (1929-1931) ne sono i tre sintomi più evidenti. Casa Ricordi attraversa questa complessa fase cercando da un lato di far fronte alle inevitabili scosse che interessano il comparto musicale, dall'altro di intraprendere azioni di rinnovamento editoriale per adeguarsi al nuovo panorama mediale. Tra queste ultime vi è la costituzione di una collezione di musiche destinate all'uso cinematografico dal nome *Biblioteca cinema per films cinematografiche*: in tutto una novantina di titoli,[1] in parte già editi in altre versioni in parte commissionati *ex novo*. Pubblicata tra il 1926 e il 1930, la *Biblioteca cinema* potrebbe essere interpretata come un'operazione di posizionamento editoriale, tesa a riconvertire in una sede prestigiosa e riconoscibile una cospicua selezione di musiche per piccola orchestra che, in vista dell'avvento del cinema sonoro, potessero essere rilanciate nel promettente settore radio-fono-filmografico. Potrebbe trattarsi, in altri termini, di una strategia di *production music* riconducibile a quanto messo in atto negli stessi anni in seno ad alcuni *studios* hollywoodiani. In ogni caso, l'idea stessa di una collezione editoriale concepita a far da complemento all'esperienza cinematografica trova le sue radici in una pratica musicale radicata nei decenni precedenti, a cui Casa Ricordi si era già dedicata in modo non episodico, e che si suole indicare con il termine 'compilazione'.

La compilazione di musiche preesistenti era stata in effetti la pratica più comune e diffusa per tutta l'era del cinema muto. Gli accompagnamenti musicali delle proiezioni cinematografiche avevano per lo più la forma di *collage* di brevi musiche desunte liberamente dal repertorio operistico o sinfonico, così come da operette, ballabili, canzoni di varietà ecc., e correlate alla narrazione filmica in forza di associazioni spesso prevedibili.

Sin dagli albori del Ventesimo secolo, al singolo pianista subentrò una piccola orchestra con a capo un direttore. In origine poco più grande di un trio con pianoforte, l'orchestrina o orchestra di sala divenne nel giro di pochi anni un organico stabile e s'ingrandì fino a contare una ventina di elementi. Le musiche eseguite da queste orchestre in accompagnamento alle proiezioni cinematografiche dovevano essere enormemente varie per quanto concerne il genere, lo stile, il linguaggio musicale. Se ne può cogliere un riflesso sfogliando gli *Intermezzi musicali a piccola orchestra riservati a spettacoli drammatici per caffè concerti e stabilimenti balneari*, editi da Ricordi già nel 1897, o il coevo *Repertorio di musica per piccola orchestra con pianoforte conduttore adatta per intermezzi e spettacoli drammatici, caffè concerti, ristoranti, grandi alberghi, cinematografi eccetera*, dell'editore Sonzogno. Simili raccolte di pezzi di genere per orchestrina fecero da incunabolo per la nascita di una editoria specializzata nel campo della musica cinematografica. Vari editori, in giro per l'Europa, presero a realizzare adattamenti o arrangiamenti in forma di suite di opere preesistenti, allo scopo di favorire l'uso a fini cinematografici di composizioni di cui detenevano già i diritti. La collezione *Walhalla* dell'editore berlinese Bote & Bock ospitava una suite dai balletti di Čaikovskij, curata da Giuseppe Becce. La collezione *Pantheon*, presso lo stesso editore, proponeva arrangiamenti di fantasie operistiche. In Italia, Sonzogno realizzò riduzioni per orchestrina da *Andrea Chénier* e *Cavalleria rusticana*; l'editore Maurri, di Firenze, pubblicò una fantasia dai *Pagliacci*; Ricordi commissionò a Émile Tavan

Il Commento Musicale al film
I PROMESSI SPOSI
Adattamento del **M. Dante Dall'Aglio** di Parma

1. Parte	1 Reve Des Amoureux	Cristoforo		Carisch
	2 Barcarolle 2.me	Frontini		Forlivesi (alle parole Voi lo sapevate?)
	3 Madrigale	A. Scassola		Moulin (Quando entra dall'Avvocato)
2. Parte	4 Cuore in pena (2 volte)	Giacchino		Profeta — subito
	5 Aubade Tendre	Buisson		Moulin (alla parola « Esci !! »
	6 Coriolano	Beethoven		(Quando getta per aria il tavolo e il lume)
3. Parte	7 Picut Souvenir	Carias		Moulin — subito
	8 N. 2 Arlesienne	Bizet		(alla parola ai Forni)
	9 Salut a la France	Scassola		Salaber (Quando lascia Renzo e inneggia evviva Ferrer)
	10 Tango del Cigno	Cardio		Allione (allo spuntar del giorno russava ancora)
4. Parte	11 Norma	Bellini		Beniamen — subito
	12 El Rasa	C. Senesi		Ferrario, alle parole "Mi liberi, mi liberi,,
	13 Meditazione	I. Cuneo		Gori (Quando Lucia prega)
5. Parte	14 Hynne a le Nuit	A. Scassola		Scassola — subito
	15 La Figlia di Madame	Augot Sinfonia - Lecoh		Gori (La partenza di Don Rodrigo)
	16 Resurrection	Smet		Lorette (Partenza dell'Innominato per la guerra)
6. Parte	17 Madame Butterfly	1. e 2. Parte - Tavan - Puccini Ricordi		
7. Parte	18 id. id.	3. Parte		subito
	19 Bambola Piange	G. Lama		Canzonetta (Quando sono riuniti in Paese e che Don Abbondio annuncia la scomparsa della Perpetua - fino alla fine.

38 - Commento musicale al film *I promessi sposi* ("L'eco del cinema", 1925, n. 19, p. 228).

La fantasia musicale di Tavan, che fa uso di temi da *Madama Butterfly*
di Puccini, accanto a musiche di Beethoven, Bizet e Bellini, conferisce
un tono colto alla partitura di Dante Dall'Aglio.

Il Commento Orchestrale al film "La Congiura di S. Marco,,
ADATTAMENTO DEL M.° ESTILL DI FIRENZE

TITOLI DEI PEZZI ESEGUITI	AUTORE	EDITORE	TITOLI DEI PEZZI ESEGUITI	AUTORE	EDITORE
Excelsior	Monti	Ricordi	Siberia	Giordano	Sonzogno
Serenata al vento	Billi	»	Giovannna d'Arco	Verdi	Ricordi
Africana	Meyerbeer	»	Sogno	Toselli	Biatti
Spada	Zerco	Marchetti	Serenade Govense	Fiorini	Bodro
Ave Maria	Mascagni	Carisch	Arlequin et Colombina	Billi	Ricordi
Mascagni		Sonzogno	Colombina	Fatuo	Sonzogno
Canzonetta Abruzzese	De Nordis	Ricordi	Serenata Gentile	Billi	Ricordi
Silvio Pellico	Zerco	Marchetti	Cuor Affollè	Marchetti	Marchetti
Serenata Pierrot	Burgmain	Ricordi	Il Maniscalco	Pear	Ricordi
In Sogno	Catalani	»	L' Amico Fritz	Mascagni	Sonzogno
Gioconda	Ponchielli	»	I Promessi Sposi	Ponchielli	Ricordi
Villi	Puccini	»	Tzigana	Frontani	Carisch
Mattinata	Brogi	Forlivesi	Il Natale di Pierrot	Monti	Ricordi
Serenata Interrotta	Billi	Ricordi	Cristoforo Colombo	Franchetti	»
Canzone Solitaria	Ranzato	Autore	Alessandro Stradella	Isotta	»
Dejanice	Catalani	Ricordi			

39 - Commento musicale al film *La congiura di S. Marco* ("L'eco del cinema", 1925, n. 24, p. 399).

L'adattamento musicale del compositore Estill alterna le musiche d'atmosfera
di Vittorio Monti e Vincenzo Billi pubblicate da Ricordi, con una selezione di temi tratti
da opere di (tra gli altri) Meyerbeer, Mascagni, Catalani, Ponchielli, Puccini e Verdi.
Una delle selezioni proposte è un brano di Burgmain (sic per Burgmein),
pseudonimo utilizzato da Giulio Ricordi.

le fantasie pucciniane da *Tosca*, *La bohème*, *Madama Butterfly*, *La Fanciulla del West*, che trovarono largo impiego in sede cinematografica, come si può desumere dalla pubblicistica coeva (fig. 38).

Il passo successivo, a partire dal secondo decennio del Novecento, fu la produzione e diffusione da parte dei maggiori editori europei e americani di collezioni di musiche d'atmosfera o pezzi di genere, concepiti appositamente per un uso cinematografico. Tra il 1915 e 1916, la Société anonyme des éditions Ricordi di Parigi pubblicò le prime due collane espressamente destinate a un impiego cinematografico: *Excelsior!, Adaptation musicale pour le Cinéma*, 11 pezzi per orchestra di Vittorio Monti, e *Collection Drama. Scenes musicales pour films cinématographiques*, 12 brani di Jean Gabriel-Marie. Seguì, fra il 1919 e 1920, la raccolta *Films musicali*, con cui le Edizioni Ricordi di Milano proposero 24 adattamenti orchestrali di musiche preesistenti di Vincenzo Billi.

Queste "scene" musicali non nascono per accompagnare una pellicola ben precisa; sono invece concepite per accompagnare situazioni filmiche ricorrenti o per conferire loro una generica atmosfera emotiva. Ciascun brano reca una descrizione semantica più o meno dettagliata, che rinvia a una concreta possibilità d'impiego nel film, oltre che una indicazione precisa sulla durata e il numero di battute. Tali musiche si prestavano non solo ad accompagnare un film in forma di compilazione, ma potevano trovare impiego nelle sale cinematografiche nei più diversi momenti: potevano fare da accompagnamento a canzoni di varietà, in quei cineteatri che proponevano un programma misto di proiezioni e numeri teatrali, oppure riempire pause più o meno estese della programmazione.

Fu proprio questo *corpus* di materiali eterogenei, arricchito di nuovi brani commissionati ad Aldo Cantarini (10), Franco Vittadini (12) ed Ettore Montanaro (27), che confluì, sul finire degli anni Venti, in una nuova e più ampia collezione che sin dal titolo, *Biblioteca cinema per films cinematografiche*, annunciava la volontà dell'editore Ricordi di imporsi un mercato in ascesa, già popolato da prodotti di autorevoli *competitors* internazionali. Se per l'Italia è da registrare la concorrenza di editori come Carisch (con la serie *Carisiana*), Signorelli (*Adattamento Films*), Florentia (*Commento Films*), all'estero si imponevano già le imprese di editori di prima grandezza, come Belwin, Bosworth, Boosey & Hawkes, Choudens, Enoch, Paxton, Robbins-Engel, Schirmer, Schlesinger, Schott, Universal Edition ecc.

I criteri di organizzazione interna della *Biblioteca cinema* e delle sue omologhe hanno molto da raccontare a proposito della *routine* della musica cinematografica. Repertori e collezioni musicali a uso delle compilazioni si organizzano secondo criteri di natura per lo più pratica e intuitiva: ora si assume a criterio il genere musicale (ad es. serenate, marce, danze, canzoni popolari ecc.), ora l'atmosfera emotiva o il carattere (ad es. in sogno, quiete, contemplazione, abbandono ecc.), ora ci si limita a parafrasare il titolo o l'indicazione di tempo; altre categorie sembrano concepite *ad hoc*.

Pur nella loro incoerenza e asistematicità, questi repertori compongono quella che potrebbe dirsi una topografia di luoghi comuni musicali: una congerie di *clichés* e convenzioni drammaturgiche che plasmarono a tutti gli effetti la prassi quotidiana della musica cinematografica e contribuirono storicamente a una standardizzazione dell'accompagnamento musicale.

```
BILL - Serenata interrotta
GIORDANO - Marcella - Preludio dell'episodio II
BECCE - Intermezzo lirico
GIORDANO - La Cena delle Beffe - Fantasia
                                     atto II
        ATTO TERZO
PUCCINI - Il Tabarro
BILLONE - Reverie
SAUTREUIL - Serenade a l'inconnue
FOUCHEY - Andante Romantique
        ATTO QUARTO
GIORDANO - La Cena delle Beffe - Fantasia
                                     atto III
FAUCHEY - Fantasie - Ouverture
FAUCHEY - Himne aux Fleurs
        ATTO QUINTO
PUCCINI - Le Villi
BUISSON - Prométhée enchainé
CULOTA - Canta Pierrette
AUBRY - Dancing Moon
```

40

Commento musicale al film
I tre (Supercinema, 1927).

Accanto a selezioni pucciniane dal *Tabarro* e *Le Villi*, sono presenti brani originali di specialisti di musica cinematografica come Vincenzo Billi e Giuseppe Becce.

41 - 42

Franco Vittadini, *Uragano* (Biblioteca Cinema, Milano, Ricordi, 1926). Lo spartito, qui il frontespizio del manoscritto e a fianco la prima pagina dell'edizione a stampa, ne suggerisce l'uso per "scene tumultuose, violente, drammatiche; fuga di gente; scene di battaglia, ecc.".

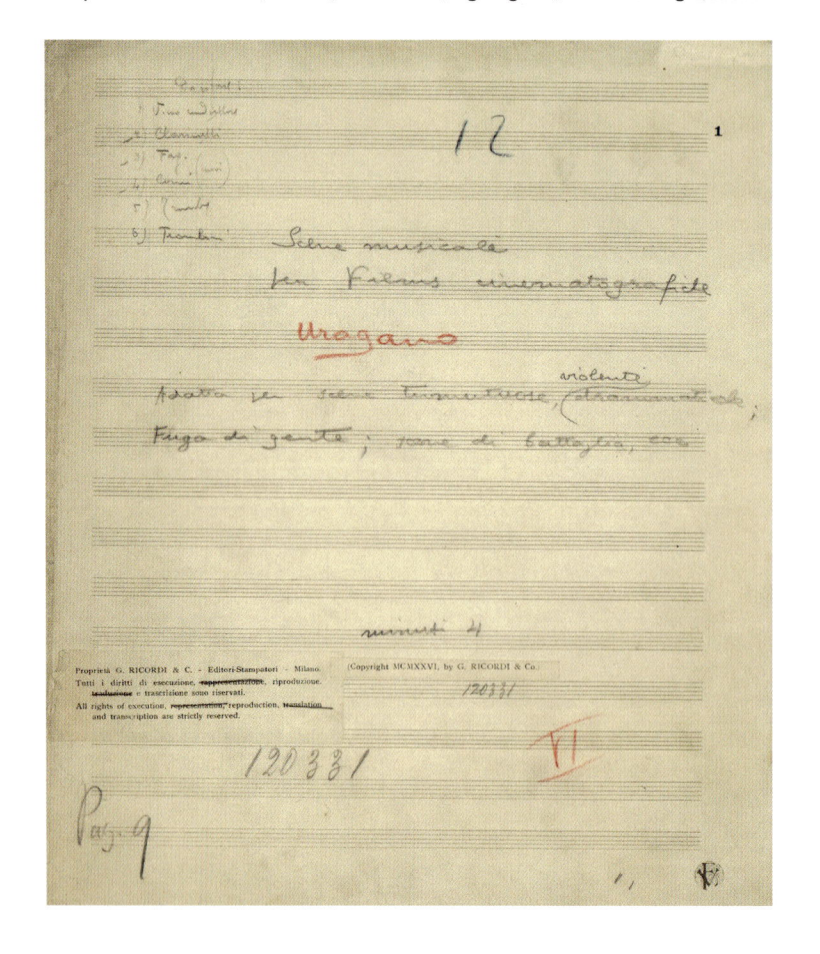

(Fl. Ob. Clar. 2 Tr.be Tr.ne Timp.
Harmonium Quintetto d'archi
Pianoforte conduttore)

FRANCO VITTADINI

"BIBLIOTECA CINEMA„
(Minuti 4)

URAGANO

*(PER SCENE TUMULTUOSE, VIOLENTI, DRAMMATI-
CHE, FUGA DI GENTE, SCENE DI BATTAGLIA ECC.)*

PIANOFORTE CONDUTTORE

Allegro ♩=152

Proprietà G. RICORDI & C. Editori-Stampatori, MILANO. (Copyright MCMXXVI, by G. RICORDI & Co.)
Tutti i diritti d'esecuzione, riproduzione e trascrizione sono riservati. (120331)
All rights of execution, reproduction and transcription are strictly reserved.
(PRINTED IN ITALY)

(IMPRIMÉ EN ITALIE)

5.

Nuove opere nuovi mondi

Puccini e le Americhe

Ditlev Rindom

Giacomo Puccini e la moglie Elvira
a bordo del transatlantico "Savoia"
nel porto di Genova, in partenza
per Buenos Aires, 1905

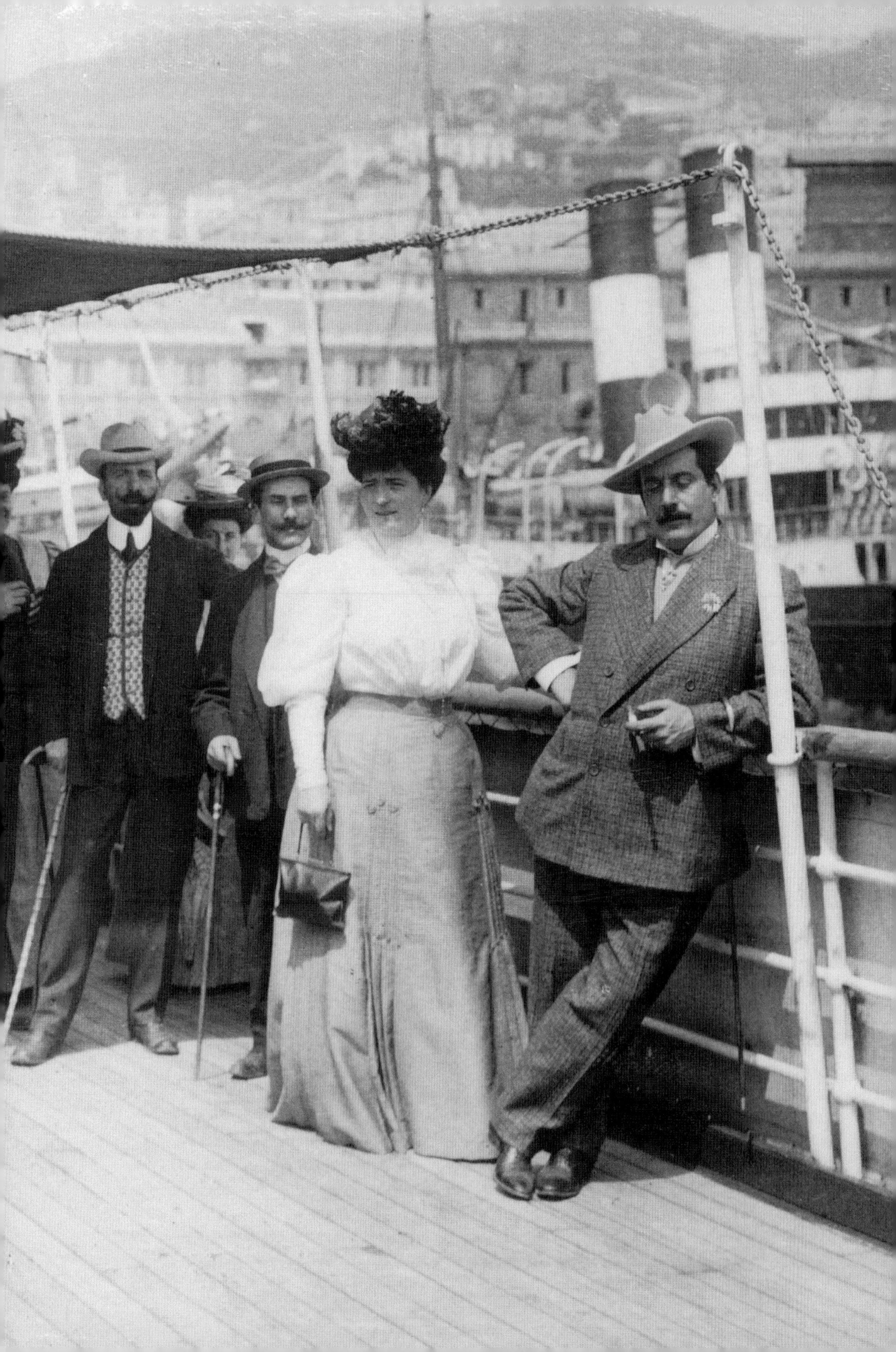

La carriera di Giacomo Puccini si sviluppò in parallelo a cambiamenti straordinari in ambito operistico. Alla sua nascita, nel 1858, pochi avrebbero negato che le capitali del mondo musicale fossero Londra e Parigi, città che attiravano i più importanti esecutori europei e rappresentavano calamite irresistibili per compositori diversi come Rossini e Weber, Meyerbeer e Donizetti, Verdi e Wagner. Lo stesso Puccini le visitò in più occasioni per supervisionare la messa in scena delle sue opere, confrontando Londra - dotata di "lingua impossibile, donne bellissime, spettacoli splendidi, e… passatempi a profusione" - e Parigi, meno movimentata ma "più bella e allegra", ai suoi occhi un posto splendido in cui vivere.[1] A catturare maggiormente la sua attenzione, però, furono Buenos Aires e New York, le capitali del Nuovo Mondo dove andarono in scena la prima della versione rivista di *Edgar* (Buenos Aires, 1905) e le prime mondiali de *La fanciulla del West* e de *Il trittico* (New York, 1910, 1918), che vennero quindi allestite dall'altra parte dell'Atlantico. L'interesse di Puccini rifletteva sia la profonda trasformazione avvenuta nella vita musicale di Argentina e Stati Uniti a partire dalla metà dell'Ottocento, sia il suo desiderio di confrontarsi con vari aspetti della modernità urbana e di descriverli. L'opera italiana era già andata in scena in Cina sul finire del Settecento e dopo le guerre napoleoniche, fra gli anni Venti e Trenta dell'Ottocento, sarebbe diventata un fenomeno globale a tutti gli effetti, assurgendo a simbolo del progresso moderno "civilizzato" e a chiaro rifiuto del dominio coloniale spagnolo, man mano che venivano costruiti teatri nell'America Centrale e del Sud. Nello stesso periodo, nel 1825, Manuel García presentò le opere di Rossini a New York grazie all'intraprendenza di Lorenzo Da Ponte, librettista di Mozart che all'epoca viveva in città, portando con sé le figlie Maria Malibran e Pauline Viardot. Nel corso dell'Ottocento, il prestigio operistico di Buenos Aires e New York crebbe gradualmente e all'inaugurazione del Teatro Colón (1857) e dell'Academy of Music (1854) parteciparono alcuni dei più celebri cantanti italiani dell'epoca.

L'emigrazione di massa dall'Europa - e in particolare dall'Italia - e le ghiotte occasioni legate all'esportazione create dal processo di industrializzazione trasformarono il profilo demografico e il benessere economico delle due città tra la fine dell'Ottocento e i primi del Novecento. Nel 1900 la popolazione di Buenos Aires, fino ad allora una città relativamente piccola, chiamata con affetto "*gran aldea*" (grande villaggio), superò il milione di abitanti, di cui oltre un terzo era composto da immigrati italiani. La città offriva stagioni operistiche ospitate da numerosi teatri, fra cui il Teatro de la Ópera, quello principale, mentre il nuovo Teatro Colón fu costruito fra il 1888 e il 1908. Anche New York, benché fosse sempre stata più grande e ricca, durante l'Età dell'oro visse un boom che portò all'inaugurazione del Metropolitan Opera (1883) e attirò una nutrita schiera di italiani, che a loro volta innescarono la diffusione di giornali, organizzazioni e celebrazioni musicali nella loro lingua madre.

Non stupisce quindi che sia Puccini sia Ricordi fossero ansiosi di capitalizzare le opportunità offerte dal Nuovo Mondo. Ricordi aveva implementato da tempo una rete di uffici internazionali che nel 1911 la stampa newyorkese avrebbe definito un modello capitalista per eccellenza, e le succursali di New York e Buenos Aires consentivano all'editore di continuare a promuovere i propri prodotti e di controllare la circolazione del proprio materiale musicale in un periodo in cui le norme sul copyright si facevano più stringenti.[2]

Puccini stesso era legato a Buenos Aires da un interesse personale: il fratello Michele vi si era trasferito negli anni Ottanta dell'Ottocento e dalla loro corrispondenza emerge chiaramente che anche Puccini aveva brevemente valutato di stabilirsi lì. In realtà, però, non avrebbe affrontato il viaggio in Sud America fino al 1905, anno in cui visitò Buenos Aires dal 23 giugno all'8 agosto, su invito del quotidiano "La Prensa". Il viaggio a bordo del transatlantico "Savoia", da Genova a Buenos Aires, durò tre settimane; all'arrivo Puccini fu accolto da una folla nutrita e invitato a numerosi concerti, cerimonie e serate di gala. Per celebrare l'occasione, un birrificio locale iniziò persino a servire l'"Aperitivo Puccini" (usando probabilmente il Fernet Branca, l'aperitivo preferito in città). Gli eventi musicali spaziarono da visite alla sede della banda della polizia a una serie di produzioni allestite presso il Teatro de la Ópera e dirette da Leopoldo Mugnone, che offrivano una panoramica pressoché completa della produzione pucciniana: *Manon Lescaut*, *La bohème*, *Tosca* e *Madama Butterfly*, rivista da poco tempo, in cui recitava il suo soprano originario, Rosina Storchio. L'attrazione principale, comunque, fu la prima della versione più recente di *Edgar*, un'opera che non riscosse il successo desiderato ma contribuì a consolidare l'importanza di Puccini nel repertorio musicale argentino. Lo stesso Puccini scrisse relativamente poche parole riguardo a quella visita, tuttavia prima di ripartire compose un breve inno per l'Argentina che venne in seguito pubblicato su "La Prensa".[3] Il ricordo della visita gli sarebbe però rimasto impresso: oltre dieci anni più tardi l'Argentina sarebbe stata brevemente presa in considerazione per ospitare la prima de *Il trittico*, e nel corso della vita di Puccini le sue opere continuarono a essere presentate in numerosi teatri del Paese. "In questo momento nemmeno […] gli uccelli cinguettano, fischiettano o sospirano alcunché a parte gli orecchiabili motivetti di *Manon*, *Tosca* e *Bohème*" concludeva "El Diario" durante la visita del compositore del 1905; inoltre, tornando in Italia, Puccini fece una rapida sosta a Montevideo, dove fu accolto da festeggiamenti simili.[4]

Appena diciotto mesi dopo, fu New York a festeggiare Puccini e a convincerlo a farle ospitare la prima di una sua opera. Fra gennaio e febbraio 1907, il compositore trascorse sei settimane in città su invito di Otto Kahn, presidente del Metropolitan Opera, e partecipò alle prime, sempre al Met, di *Manon Lescaut* e *Madama Butterfly* (gli interpreti principali di quest'ultima furono Geraldine Farrar ed Enrico Caruso). L'invito derivava, in parte, dalla recente inaugurazione della Manhattan Opera House di Oscar Hammerstein, una sala da concerto concorrente che, malgrado la vita breve, riuscì ad attirare un'impressionante varietà di cantanti, a cui Ricordi avrebbe concesso i diritti per portare in scena le opere di Puccini soltanto nel 1908. Come a Buenos Aires, il compositore godette dell'attenzione della stampa in lingua italiana durante un tour mediatico che mirava a presentarlo come il vero erede di Verdi, Donizetti, Bellini e Rossini, personaggi che non erano mai stati in America. Noto per l'amore verso le nuove tecnologie, Puccini e la moglie Elvira registrarono un breve messaggio al grammofono per la Columbia Phonograph Company: un gesto che rispecchiava la posizione dominante di New York nell'industria discografica. Le ultime parole pronunciate da Puccini nel messaggio ("*America Forever!*", ovvero "America per sempre!") erano un rimando alla sua opera più recente: *Madama Butterfly*, ispirata al lavoro di David Belasco, il più importante drammaturgo americano, metteva in scena senza mezzi termini un incontro fra Nuovo e Vecchio Mondo.

La celebre sensibilità realista di Belasco - che si rivelava nelle tecniche di illuminazione e nell'uso di profumi di vero cibo sul palco - si sposò alla perfezione con l'interesse di Puccini per l'evocazione di ambienti specifici attraverso il suono, e in seguito li avrebbe portati a collaborare per *La fanciulla del West*.

Giacomo Puccini a bordo del
transatlantico "Savoia" a Genova,
in partenza per Buenos Aires, 1905

La Signora Giacchetti, Giacomo Puccini
e la moglie Elvira nel Palazzo de
"La Prensa", Buenos Aires, 1905

46

Locandina per la prima mondiale de *La fanciulla del West*, Metropolitan Opera, New York, 1910

47

La tournée di *Madama Butterfly* negli USA, articolo apparso sulla rivista edita da Casa Ricordi "Ars et Labor", 1907

48 – 49

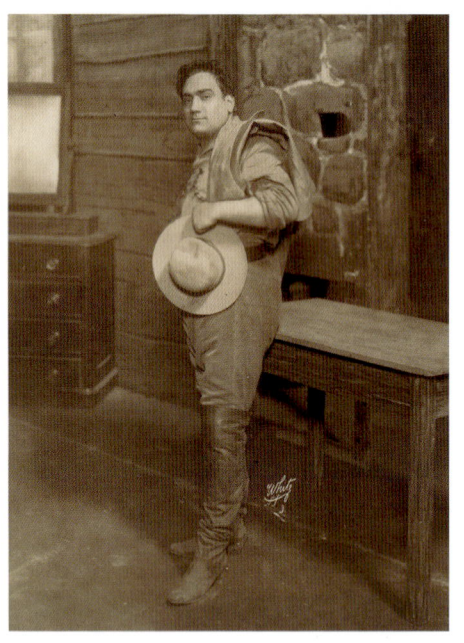

50 – 51

La prima de *Il trittico*, al Metropolitan Opera di New York, 1918. Florence Gertrude Easton e Giulio Crimi nei panni di Lauretta e Rinuccio in *Gianni Schicchi*; Luigi Montesanto, Claudia Muzio e Giulio Crimi nei panni di Michele, Giorgetta e Luigi per *Il tabarro*

La prima de *La fanciulla del West*, al Metropolitan Opera, New York, 1910. Atto 2: Emmy Destinn e Pasquale Amato nei panni di Minnie e Jack Rance; Enrico Caruso nel ruolo di Dick Johnson

Il secondo viaggio di Puccini a New York, di cui la stampa locale parlò moltissimo, per la prima mondiale de *La fanciulla* nel dicembre 1910 fu (come prevedibile) un trionfo: bandiere americane e italiane furono disseminate per tutto il teatro, a sottolineare che l'opera era il risultato dell'unione di talenti provenienti da due continenti diversi. La macchina mediatica di Ricordi riuscì ancora una volta a sfruttare l'occasione, organizzando interviste e servizi fotografici con il compositore, che dichiarò di essere pronto a scrivere una commedia e di voler puntare a una maggiore semplicità. "Credo che il dramma musicale moderno sarà sempre più semplice" disse. "Non torneremo a Wagner. Al contrario, ci sarà un ritorno a Gluck, di cui ammiro profondamente le opere."[5] Questi commenti forse sorprendenti rispecchiavano il fatto che *La fanciulla* fosse l'opera più complessa, a livello di orchestrazione, che Puccini avesse mai composto, almeno fino a quel momento: inizialmente, il suo livello di sofisticatezza e la commistione di diversi stili e registri musicali confusero i critici, tanto a New York quanto in Italia. Furono tuttavia un'anticipazione della direzione che avrebbe preso il suo progetto successivo, la commedia lirica *La rondine* (1917), che debuttò a Montecarlo dopo che Vienna, che avrebbe dovuto ospitarne la prima, si rivelò inagibile a causa della guerra. New York fu presa in considerazione come location per la prima mondiale de *La rondine*, e il fascino esercitato da New York e Buenos Aires su Puccini era in un certo senso inevitabile, vista la posizione di spicco che occupavano nell'immaginario collettivo italiano dell'epoca: erano la destinazione di milioni di italiani, da Enrico Caruso agli operai più umili.

L'ultima opera di Puccini che debuttò a New York, *Il trittico*, andò in scena sul finire della guerra, in circostanze che impedirono al compositore di partecipare alla serata nel dicembre del 1918 al Metropolitan Opera. Il direttore d'orchestra Roberto Moranzoni era stato preparato da Puccini e la stampa definì la nuova opera come una sinfonia in tre parti, un "allegro tempestoso", un "andante elegiaco" e un "finale splendente".[6] Malgrado l'assenza del compositore, *Il trittico* fu il fiore all'occhiello della stagione del Metropolitan Opera e attestò la portata dell'intraprendenza di Ricordi: un'opera concepita a Torre del Lago, presentata a settemila chilometri di distanza, con la benedizione del compositore e la sua gestione della musica.

6.

Il marchio Puccini

Ellen Lockhart

Caricatura di Puccini di Aroun-al-Rascid (pseudonimo di Umberto Brunelleschi) pubblicata nella rivista francese "L'Assiette au beurre", 1902

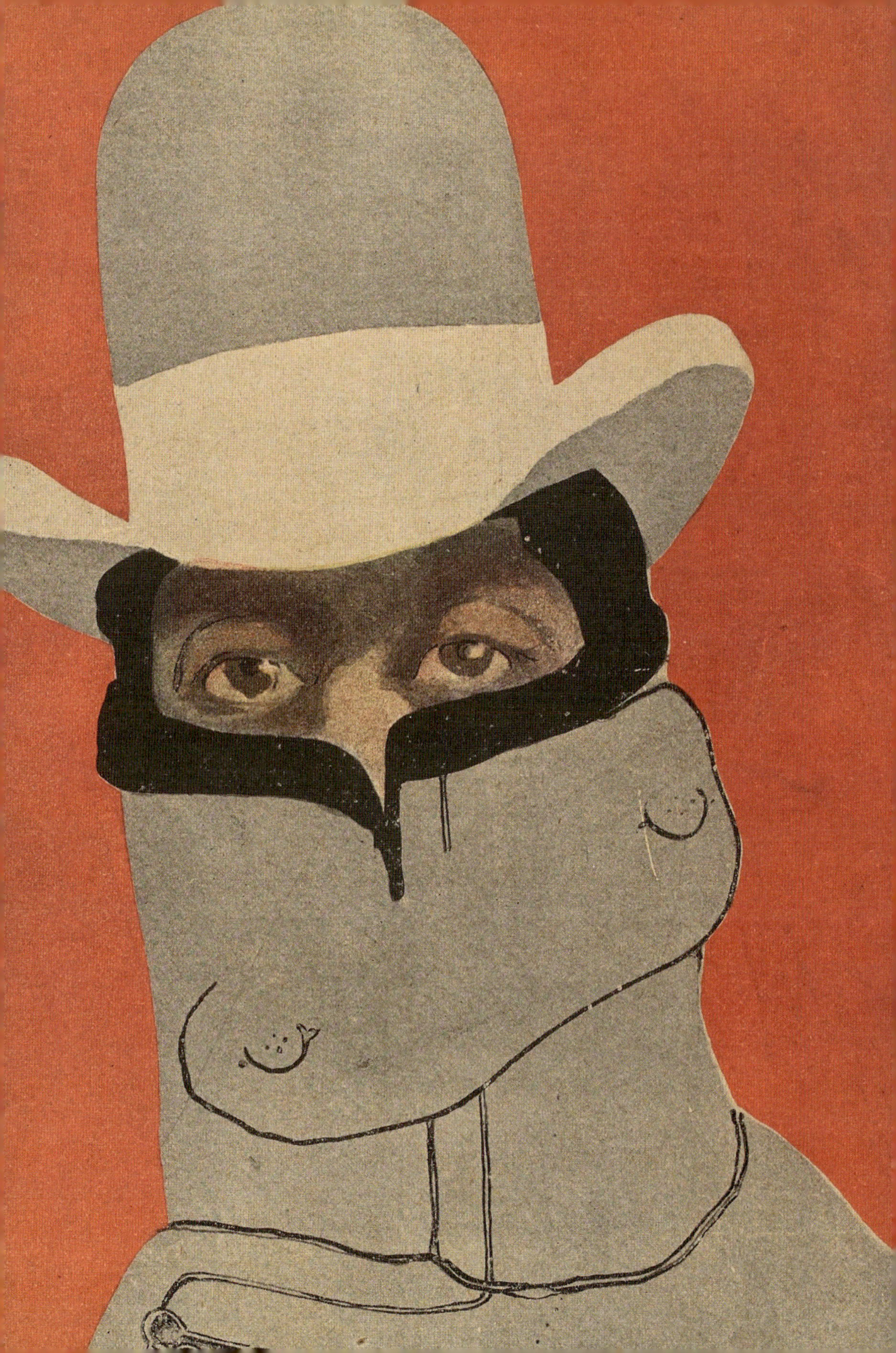

Negli ultimi decenni dell'Ottocento e nei primi del Novecento, l'Italia assistette all'emergere di una vivace industria culturale e di una specifica scuola nazionale di design. G. Ricordi & Co. giocò un ruolo fondamentale in entrambi i processi, e su questo aspetto gli storici tendono a concordare: ne *La cultura sottile*, Fausto Colombo descrive l'editore di Puccini come una "voce importantissima della nascente industria culturale italiana".[1]

Come ha scritto Michela Ronzani, fra gli anni Ottanta dell'Ottocento e i Venti del Novecento Ricordi compì notevoli passi avanti nell'ambito pubblicitario; la sua influenza andava quindi ben al di là della musica, addentrandosi "nella storia imprenditoriale e industriale, nello sviluppo della condizione dell'artista, nella nascita delle arti grafiche italiane e in una grossa parte della vita commercial-culturale di Milano".[2] Il successo riscosso dalla società nella costruzione di un "marchio" pucciniano attesta la validità della sua complessa e stratificata campagna di marketing in cui un compositore di Lucca corpulento, alquanto timido e complicato diventò un simbolo del lusso moderno e un'icona mascolina, e in cui una serie di opere strappalacrime ambientate nel passato si trasformarono in eventi della cultura di massa di portata internazionale. Le immagini raccolte in questa mostra ripercorrono una campagna di marketing che coprì diversi decenni e che cercò di stabilire dei collegamenti fra il Puccini compositore, le sue opere e altri prodotti di lusso che venivano proposti alle classi medie con aspirazioni sociali.

L'espansione di G. Ricordi & Co. nel mondo della pubblicità è quasi interamente merito di Giulio Ricordi che, già negli anni Settanta dell'Ottocento, stava acquisendo tecnologie di stampa e competenze all'avanguardia per la sua società. Fu a capo della creazione delle Officine Grafiche Ricordi nel 1884, mossa che divise le attività commerciali della società in due branche: una dedicata alla produzione di opere per il teatro, l'altra alla stampa e alla pubblicità. La sua capacità nell'individuare e reclutare talenti di prim'ordine fu efficace tanto nelle arti visive quanto in ambito operistico. Di fatto, i primi tentativi fatti dalla casa editrice per creare un'identità visiva delle opere liriche presentavano collegamenti diretti con il mondo della messa in scena operistica.

Il primo direttore della Sezione Creazione e Stampa Manifesti (1889) fu Adolf Hohenstein. Il materiale pubblicitario da lui creato per *Edgar* (1889) di Puccini è considerato la prima locandina italiana dotata di "vere caratteristiche grafiche".[3] Assunse e formò un'intera generazione di giovani artisti visivi per la Sezione da lui diretta. In seguito due dei suoi studenti, Leopoldo Metlicovitz e Marcello Dudovich, avrebbero persino superato Hohenstein per quanto riguardava la qualità delle loro creazioni e il prestigio internazionale delle loro carriere. I tre - Hohenstein, Metlicovitz e Dudovich - sono oggi considerati i maggiori esponenti dell'Art Nouveau italiana, anche nota come "stile Liberty".

Hohenstein e Metlicovitz furono i principali responsabili dell'arte visiva utilizzata per promuovere le opere di Puccini, dando vita a quello che, di recente, Luca Cottini ha definito "un nuovo linguaggio visivo per la musica che parla attraverso la grafica delle locandine".[4] La variegata campagna pubblicitaria che G. Ricordi & Co. lanciò per *La bohème* (1896) ebbe una portata e una coerenza visiva senza precedenti. Anche in questo caso si nota l'impressionante parallelismo fra l'allestimento della prima dell'opera e la grafica delle locandine e del merchandise: non stupisce, se si considera che le scenografie e i costumi per la prima, ospitata dal Teatro Regio di

Torino, furono messi a punto da Hohenstein, all'epoca ancora direttore del reparto marketing di G. Ricordi & Co. A quanto pare, Hohenstein era partito da bozzetti di scenografie e costumi ad acquarello, usati poi come falsariga per la produzione della prima e la realizzazione della campagna pubblicitaria. Oltre alla grande locandina, la società stampò cartoline, cartelloni, sigilli per buste, carte collezionabili e persino piatti e ciotole di porcellana decorate dalle grafiche di Hohenstein.

Il servizio da tavola de *La bohème* (fig. 53) fu prodotto da Richard-Ginori, un'azienda milanese specializzata in porcellana di lusso, probabilmente nel 1896. La società era nata quello stesso anno, dopo che Augusto Richard, un produttore di porcellana e membro del consiglio di Ricordi che viveva a Milano, aveva acquisito l'azienda fiorentina Ginori, fondata nel 1735. Più o meno in quel periodo, Richard Ginori produsse almeno un altro servizio di piatti legato a una produzione teatrale: lanciò infatti una serie per *Sport*, che debuttò al Teatro alla Scala nel 1897.

Per *Sport* Ricordi pubblicò uno spartito e Metlicovitz realizzò i materiali promozionali, fra cui la locandina e i figurini. Il servizio di *Sport* è simile a quello de *La bohème*: su ogni piatto campeggiano due personaggi principali (uno maschile e uno femminile), vestiti con abiti *fin de siècle*; i gentiluomini sono eleganti, con cappelli e gambe ben proporzionate; le donne sfoggiano *mise* semplici, con vite strette, gonne alla caviglia e piedi in posizioni aggraziate. Le due serie di immagini mostrano i personaggi leggermente chini in avanti all'altezza dei fianchi. I piatti sono color avorio e presentano bordi a sbalzo decorati con foglia d'oro. In entrambi i servizi il nome dell'opera compare sui piatti, e nella serie dedicata a *La bohème* è indicato anche il nome del compositore: il carattere utilizzato per il titolo è lo stesso della locandina di Hohenstein. Sulla parte posteriore dei piatti il titolo si ripete, accompagnato dal nome dell'azienda ("Soc. Cer. Richard-Ginori") e da una frase che indica che la proprietà delle immagini è di Ricordi. I piatti per *Sport* e *La bohème* sembrano essere stati una produzione limitata, di cui solo pochi esemplari sono sopravvissuti fino a oggi.

Sport, ispirato alle Olimpiadi del 1896, mostrava i personaggi principali dell'opera impegnati nello sci, nella caccia alla volpe, nel pattinaggio sul ghiaccio, nel canottaggio o in sella a una bicicletta in varie località internazionali. Lo scopo era quello di immortalare lo stile di vita delle persone ricche e famose: un chiaro tentativo di attrarre potenziali acquirenti che aspiravano a migliorare l'immagine del proprio ceto sociale, e per estensione il mercato borghese dei beni di lusso. A prima vista, un'opera che parla di parigini ridotti alla fame e di un'eroina malata di tubercolosi non sembra l'occasione perfetta per realizzare prodotti che evocano uno stile di vita lussuoso; eppure questi prodotti risultarono altamente vendibili grazie a una gamma di fattori interni ed esterni a *La bohème*. L'ambientazione nella Parigi dell'Ottocento rendeva l'opera insolitamente ricettiva al tipo di opere visive che Hohenstein e i suoi colleghi, negli anni Novanta dello stesso secolo, stavano realizzando nelle Officine Grafiche, opere ancora segnate dall'influenza di Toulouse-Lautrec, Jules Chéret e Alphonse Mucha, oltre che del cabaret francese. Il libretto non nasconde l'ammirazione per i piaceri più semplici, la vita domestica, il calore della casa e del focolare, e mostra un'ingenuità quasi infantile: elementi che diventeranno oggetto di satira nelle grafiche degli anni Trenta del Novecento (figg. 54-55), in cui i personaggi principali sono ritratti come bambini piccoli. Come osserva Ronzani, i materiali promozionali originari non

53

Una serie di piatti dell'azienda di
ceramiche Richard-Ginori, con immagini
da *La bohème* su licenza di Ricordi

54 - 55

Cartoline di Aurelio
Bertiglia per *La bohème*

si concentravano sul finale tragico dell'opera, bensì su spensierate scene di socialità borghese.[5] Il cuore consumistico de *La bohème* risulta particolarmente evidente nel secondo atto, in cui Rodolfo compra a Mimì una cuffietta rosa e i bambini chiedono con insistenza dei regali di Natale al giocattolaio Parpignol.

All'inizio del Ventesimo secolo, l'attività di stampa di cartoline di Ricordi aveva raggiunto proporzioni notevoli: solo nel 1910 le Officine Grafiche ne produssero 50 milioni. L'offerta si distingueva grazie all'uso della cromolitografia, che permetteva di ottenere eleganti immagini a colori coerenti con l'aspetto generale dell'opera.[6] (I concorrenti tendevano invece a utilizzare fotografie in bianco e nero.) Ricordi fu inoltre la prima azienda a stampare le cartoline in serie. Le cartoline legate all'opera potevano essere acquistate in pacchetti da dodici: Ricordi stampò infatti serie di "12 Cartoline illustrate da L. Metlicovitz" per *Madama Butterfly* e *Tosca*, e una serie da otto per *La bohème*.

Giulio Ricordi espose le opere realizzate da Hohenstein per *La bohème* alla prima Biennale di Venezia, attirando così l'attenzione di varie società italiane che puntavano a conquistare il mercato borghese: Campari (produttore di bevande), i Magazzini Mele (un grande negozio che vendeva abbigliamento, profumi e lenzuola) e molti altri in ambiti disparati (elettricità, cinema, prodotti per la cura personale, cibo e trasporti). Le pubblicità legate agli stili di vita lussuosi realizzate da Ricordi erano perlopiù dirette alle donne. Luca Cottini parla di "un'iconografia sistematica della vita moderna, spesso identificata con le immagini di donne allegre, eleganti e sensuali che, cariche di sacchetti, si godono un po' di relax all'aria aperta o passeggiano negli spazi urbani". Nel complesso, prosegue Cottini, "gli artisti di Ricordi definirono il look dell'industrialismo italiano di quegli anni, promuovendone l'espansione economica (nella consolidata associazione fra ricchezza e benessere) e producendo un immaginario visivo dei suoi valori fondamentali".[7]

Le serie di carte collezionabili, spesso profumate, incarnavano un'altra tecnica per pubblicizzare le opere di Puccini. In collaborazione con G. Ricordi & Co., che concesse l'utilizzo del proprio immaginario visivo, alcune profumerie milanesi stamparono calendari tascabili e altre collezioni di carte con grafiche legate alle opere di Puccini. Nel 1912, per esempio, Valsecchi & Morosetti di Milano (fondata nel 1890) produsse un libricino di *Manon Lescaut* che si presentava come una "raccolta di finissime, profumate illustrazioni edita con autorizzazione della Ditta G. Ricordi & C.". La scelta di quest'opera, che aveva debuttato vent'anni prima, è piuttosto sorprendente, così come l'eroina, settecentesca e con una parrucca grigia, che campeggia in copertina. Ad attrarre Valsecchi & Morosetti era, forse, l'estetica *ancien régime* dell'opera: l'azienda stessa, d'altronde, pubblicizzava i profumi della collezione definendoli "sublimi - aristocratici - persistenti - indimenticabili". È tuttavia chiaro che, negli anni Dieci del Novecento, le prime opere di Puccini (comprese quelle di scarso successo come *Edgar* e il lavoro di gioventù *Le Villi*) stavano ricevendo nuova pubblicità grazie a prodotti in serie realizzati all'insegna del collezionismo e del completismo. Nel 1916 S.A. Tosi Quirino, che produceva acqua di colonia, pubblicò una serie di carte intitolate *Puccini e le sue opere* - che si apriva con *Le Villi* - per reclamizzare il nuovo profumo *Creazione 1916*, a base di "purissime essenze di Agrumi di Sicilia". La mostra cui questo catalogo è dedicato ospita carte e calendari tascabili profumati di *Madama Butterfly*, *Tosca*, *La fanciulla del West*, *Il trittico* e *Turandot* (figg. 56-57). Le due opere ambientate in Paesi asiatici (*Madama Butterfly* e *Turandot*) erano perfette per sfruttare il fascino esercitato dall'orientalismo, caratterizzato da immagini floreali e prettamente femminili, sete lussuose, ventagli e specchi decorati, trucchi. È proprio Cio-Cio San a fornire un elenco di questi oggetti nel primo atto, quando si svuota le maniche davanti a Pinkerton:

Fazzoletti. La pipa. Una cintura.
Un piccolo fermaglio.
Uno specchio. Un ventaglio. [...]
Un vaso di tintura.

Nella descrizione di Pinkerton, invece, Butterfly quasi scompare dietro questi oggetti di lusso: *Un niente... trasparente / di gran fragilità e piccina, piccina, piccina (illustra imitando) dal camminare muto,/ felpa!, velluto!,/E, seduta, un intaglio! / L'eterna figurina / del paravento, / un guazzo per ventaglio,/ un ornamento!*[8] Nel corso dell'opera, Cio-Cio San sembra tenere a portata di mano delle sigarette e una pipa solo per poterle offrire agli uomini. Anche le società che commerciavano seta e tabacchi al di fuori dai confini italiani sfruttarono la commerciabilità del personaggio. Un frequentatore dell'opera che desiderava ricevere i sigari da Butterfly poteva per esempio acquistare la scatolina qui riportata (fig. 58), prodotta dalla Progressive Cigar Company di Philadelphia intorno al 1910. Allo stesso modo, la Miller-Bryant-Pierce Company ottenne un brevetto per i suoi nastri inchiostrati in seta *Madama Butterfly*, venduti in scatolette rosse su cui era impressa l'effigie del personaggio (fig. 59).

Fu lo stesso Puccini a promuovere l'immagine di Butterfly come oggetto di lusso, battezzando *Cio-Cio San* il suo yacht. La rivista "Ars et Labor", edita da Ricordi e progettata dal team di artisti delle Officine, nel 1912 pubblicò un servizio dedicato a "Il Magnifico Canotto Automobile del Maestro Puccini". Secondo l'articolo, quella "deliziosa navicella [...] è stata costruita e varata dai Cantieri Baglietto di Varazze, che conservano l'alta tradizione della pura e squisita linea navale". I termini lusinghieri con cui viene descritta la "deliziosa navicella" sono eloquenti: l'anonimo giornalista elogia "la snella e veloce carena, che morbide e agili curve, che lavorazione accurate, che finitura perfetta ed elegante, che arredamento comodo e di buon gusto" dello yacht, che ospita "un intero e graziosissimo appartamento in miniatura". Anche in questo caso, Ricordi mise in luce i propri valori fondanti: beni di lusso, apprezzamento della manifattura e della tradizione, gusti costosi, curve femminili, contemplazione estetica, comfort assoluto e proprietà maschile. Grazie agli sforzi promozionali dell'azienda e al suo impegno per assicurarsi che Puccini viaggiasse su mezzi estremamente comodi e spaziosi, negli anni Dieci del Novecento la passione del compositore per gli oggetti di lusso (in tutti gli ambiti del consumo moderno: automobili, imbarcazioni, macchine fotografiche; sigarette e sigari; strumenti per la scrittura; sistemazioni durante i viaggi; alcol) entrò nella leggenda. "Ars et Labor" pubblicava aggiornamenti frequenti sui suoi spostamenti in giro per il mondo, sulle sue navi e auto, sulla sua storia familiare e sulla dimora a Torre del Lago. Si trattava pur sempre di una forma di marketing, benché più attenuata, che promuoveva il consumismo in nome della *connoisseurship*.

Il legame inusuale fra Puccini e le sue opere - e di conseguenza le sue

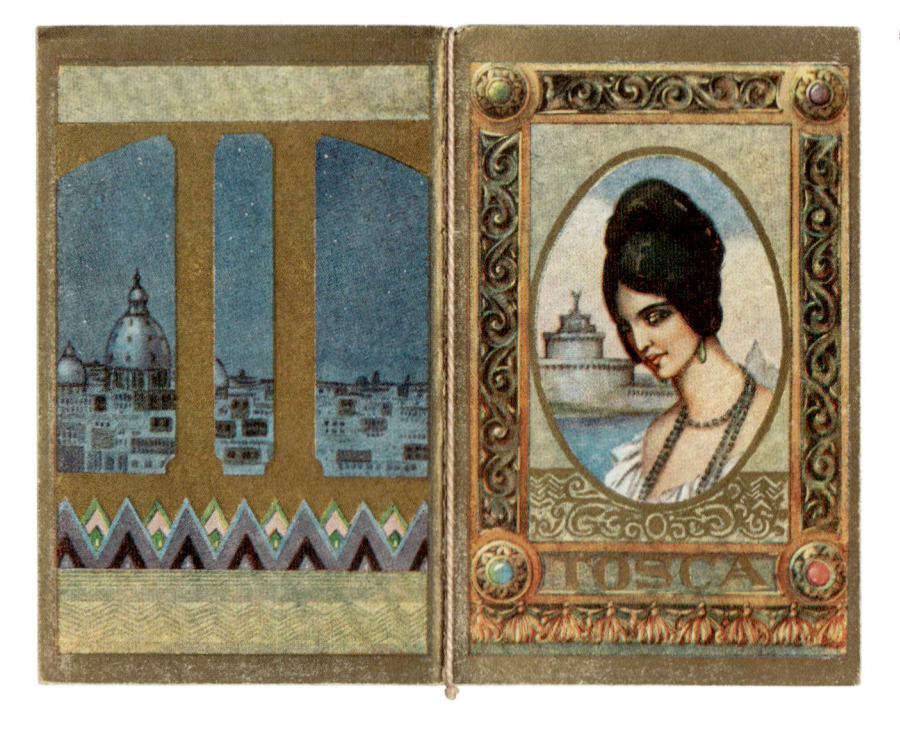

Calendari pubblicitari tascabili preparati
per l'acqua di colonia Tosi Quirino, con la
rappresentazione di "G. Puccini e le sue Opere"

Calendari pubblicitari tascabili
di *Tosca* preparati per la
Farmacia Fornasieri

58

Scatola di sigari prodotta
dalla Progressive Cigar Company
di Philadelphia, 1910 circa, con
scene da *Madama Butterfly*

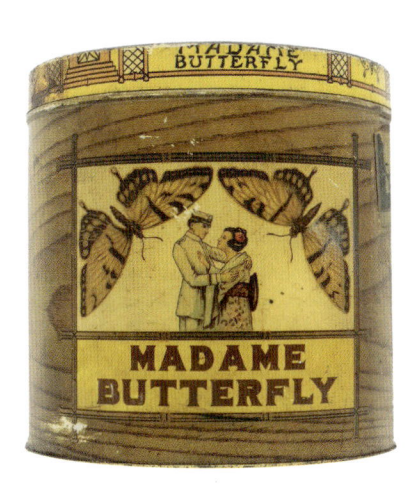

59 - Scatoletta di nastro per macchina da scrivere illustrata con un'immagine di Butterfly eroine - emerge nel marketing di Ricordi come un rapporto incerto, a metà strada fra il possesso e l'erotico, in cui il compositore è una via di mezzo fra l'autore e il voyeur. Le cartoline stampate per La bohème contengono, oltre ai bozzetti dei personaggi, schizzi fotografici seppiati che ritraggono il compositore e i suoi librettisti. La separazione tra vita e finzione operistica risulta meno evidente nella cartolina promozionale realizzata per la prima della Tosca al Teatro Costanzi di Roma (fig. 62): qui Puccini è ritratto mentre osserva Floria Tosca che si trova in piedi di fronte a lui, con il seno che spunta di profilo e i fianchi prominenti; gli occhi del compositore non vanno oltre la vita impero del suo abito. Un'altra immagine da cartolina realizzata per Tosca rimanda alla nota passione che Puccini nutriva per la caccia: nella fotografia si trova in piedi su una barca a remi fra i giunchi; sul lato sinistro dell'immagine, i giunchi si trasformano in donne, forse spettatrici dirette all'opera. In alto si dipana uno stendardo Art Nouveau composto da cigni e gigli che evocano i temi ricreativi e maschili della caccia, dell'opera e della contemplazione estetica. Una diversa combinazione di tali tematiche si può osservare in una splendida caricatura a colori realizzata da Zavattaro, un artista di Buenos Aires, e pubblicata dal periodico "Caras y Caretas" in occasione del viaggio in Sud America che il compositore fece nel 1905. Qui Puccini, che nel corso della visita fu portato a cacciare selvaggina di grossa taglia nella pampa, è ritratto mentre trasporta il fucile e una sacca piena di partiture operistiche (si legge il titolo della prima, La bohème); alle sue spalle vediamo un'auto di lusso, per metà in un fosso. In basso, scritto nella grafia del compositore, compare l'incipit del "Un bel dì" di Butterfly. La tendenza di questi materiali visivi a sovrapporre le opere all'autore è oggetto di parodia in una strana cromolitografia senza data: intitolata La fanciulla del West e firmata da A. Salvini, ritrae Puccini che, vestito come Minnie, gioca a carte mentre fuma una sigaretta. Le cartoline già citate, inoltre, presentavano sempre più spesso un ritratto del compositore accompagnato da immagini tratte dalle sue opere.

Nei primi anni Venti del Novecento, il marchio Ricordi era sinonimo di Puccini e viceversa. Naturalmente, quando nel 1926 uscirono i materiali pubblicitari per Turandot, il compositore era ormai scomparso e il caratteristico aspetto della scuola di grafica di Hohenstein era cambiato di nuovo, per approdare questa volta a fantasie totalitarie di sfarzoso spettacolo pubblico e ai profili tipici dei film muti (fig. 60: si noti che Calaf è molto simile a Rodolfo Valentino). Un altro calendarietto dedicato alle opere di Puccini (fig. 61), probabilmente realizzato per il 1928, riporta l'anno di nascita e di morte del compositore e mostra un Puccini anziano, con i capelli bianchi, le spalle decisamente più ossute e l'espressione rassegnata. Il ritratto è una curiosa via di mezzo fra un moderno documento d'identità (pensiamo alle foto dei passaporti) e l'antico genere pittorico dell'apoteosi, in cui un personaggio importante assurge alla gloria dei Cieli. Il compositore è circondato da una corona d'alloro, sopra di lui vola un angelo che suona una lira e nel cielo si snoda un pentagramma con note prive di logica.

Sono numerosi i parallelismi fra il mondo pubblicitario qui descritto e le incarnazioni successive del design italiano di lusso. Nel 1927, Richard-Ginori scelse come nuovo direttore creativo Gio Ponti, che in seguito sarebbe diventato un architetto e un teorico del design di fama mondiale. Fra le grafiche più caratteristiche che realizzò per Richard-Ginori troviamo una serie di piatti dedicati allo sport prodotti intorno al 1930, su cui campeggiano atleti in stile Art Déco che si stagliano su un semplice sfondo bianco. Un altro designer italiano di mobili e oggetti casalinghi di lusso, Piero Fornasetti, creò una serie di piatti e sottobicchieri, *Melodramma*, negli anni Sessanta del Novecento (fig. 63): erano in gran parte dedicati ai personaggi di Puccini, e vi compariva anche un ritratto del compositore. Richard-Ginori è stata acquisita da Gucci nel 2013. Per tutto il Ventesimo secolo Ricordi ha continuato a utilizzare le grafiche di Hohenstein e Metlicovitz per le copertine degli spartiti delle opere di Puccini. E più di recente, nel 2016, Dolce & Gabbana ha ottenuto l'autorizzazione per l'utilizzo di alcune immagini provenienti dall'Archivio Ricordi, diventato nel frattempo di proprietà della società tedesca Bertelsmann, per creare una serie limitata di giacche e borse; non sono mai state messe in vendita, ma oggi è possibile acquistarle, di seconda mano, per circa 6000 euro.

60

Cartolina promozionale per la prima di *Tosca* al Teatro Costanzi, Roma

61 - 62

Calendari pubblicitari tascabili della *Turandot*
preparati per la Profumeria F.lli Cella; e per
"Le Opere di Puccini", qui con *Madama Butterfly*

Piatti da portata dalla serie
Melodramma, disegnati
da Piero Fornasetti

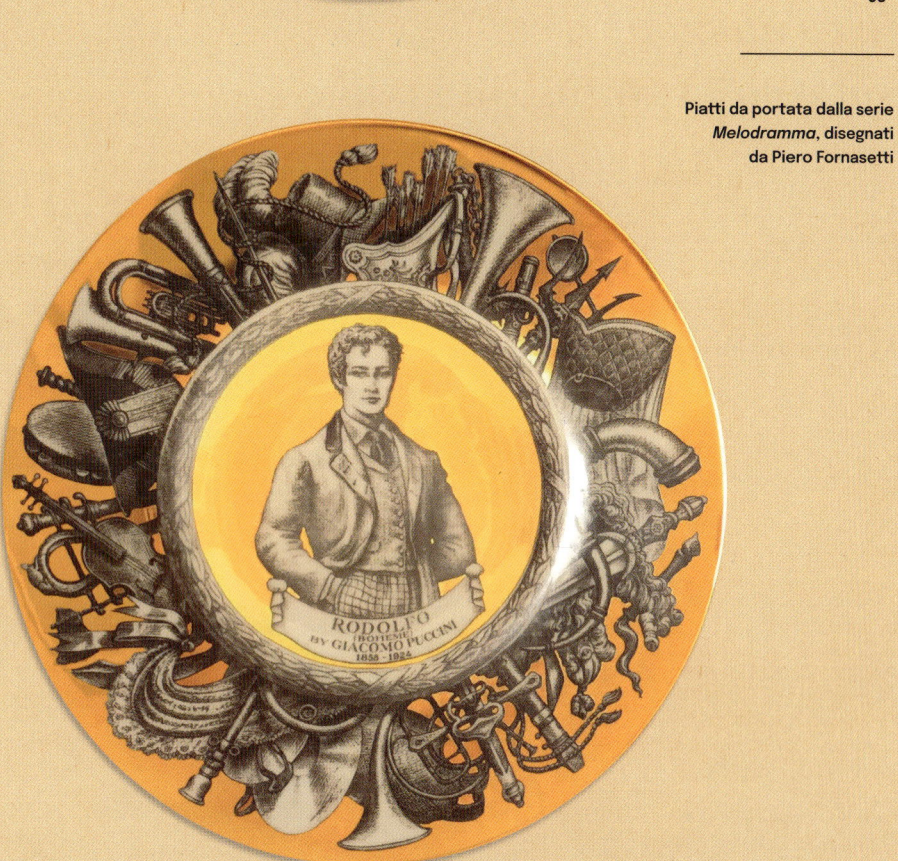

7.

Una nuova realtà

le rivoluzioni tecnologiche sfidano lo status quo *della gestione dei diritti d'autore*

Gabriele Dotto

Le nuove Officine Ricordi di Viale Campania, Milano: il salone delle macchine litografiche

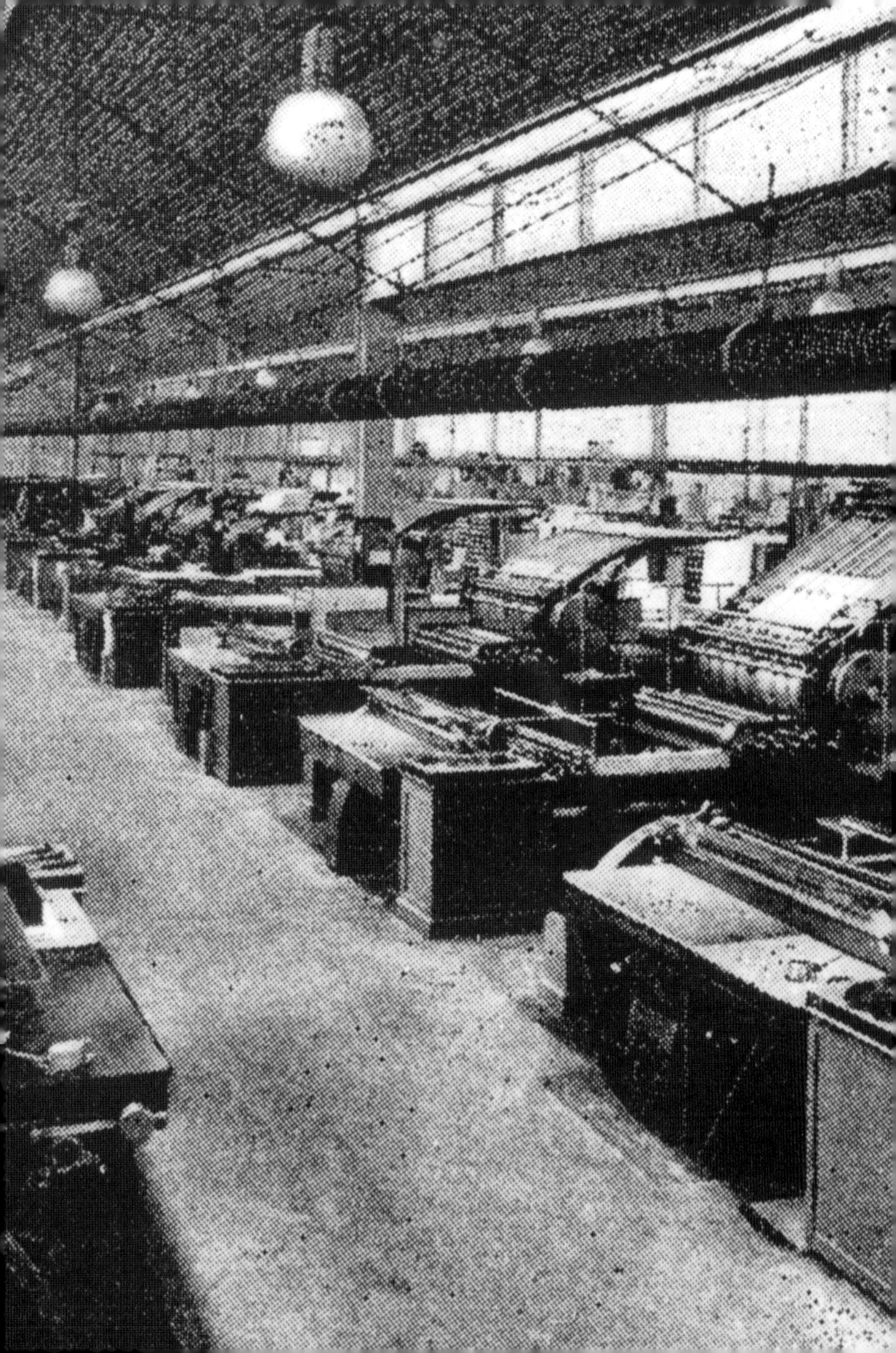

L'impressionante espansione delle tecnologie di riproduzione meccanica all'inizio del Ventesimo secolo pose una sfida apparentemente improvvisa e potenzialmente minacciosa all'editoria musicale tradizionale, un ambito che soltanto nel corso dell'Ottocento era diventato rilevante a livello commerciale. Fu "apparentemente" improvvisa perché in realtà le tecnologie in questione erano state inventate sul finire dell'Ottocento; a cambiare, con l'inizio del nuovo secolo, fu la notevole espansione della loro portata commerciale: da svaghi inediti e di nicchia si trasformarono in performance sonore o visive che di lì a poco avrebbero raggiunto milioni di ascoltatori e spettatori, nelle loro case o nei cinema. E i compositori che detenevano la proprietà intellettuale nonché gli editori che gestivano i copyright delle opere musicali che venivano riprodotte furono in una certa misura colti alla sprovvista. L'emergere di questi cambiamenti tecnologici coincise con la seconda fase della carriera di compositore di Puccini. In questo periodo di sconvolgimenti, la tutela dei diritti di compositori e editori diventò una questione sempre più pressante, ma allora (come oggi) le leggi appositamente concepite, al pari di metodi efficaci per farle rispettare, non riuscivano a eguagliare la rapidità e la diffusione delle nuove tecnologie.

I principali editori musicali combattevano da tempo importanti battaglie a favore della creazione di norme che tutelassero i diritti dei compositori (oltre che i propri guadagni). In Europa, Casa Ricordi fu tra i maggiori promotori di tali iniziative: Tito I Ricordi, infatti, partecipò al convegno internazionale che si tenne a Bruxelles nel 1858 per tentare di implementare una legge europea sul copyright. Le leggi create in seguito in Italia (1865) e soprattutto la Convenzione di Berna (1886) rappresentarono svolte significative per quanto riguardava la musica stampata e, in una certa misura, le esibizioni pubbliche. Nella prima parte dell'Ottocento, le fonti di guadagno dei compositori erano costituite dalle somme a forfait per le nuove opere, dai compensi per le revisioni saltuarie di tali lavori o dalle vendite una tantum di "diritti sussidiari" agli editori di vari Paesi per gli adattamenti delle loro opere più famose. L'implementazione di leggi sul copyright di più ampio respiro e multiterritoriali (che garantivano guadagni continui derivanti dalle royalties) rese possibili introiti più generosi. Almeno in teoria: prendiamo per esempio il caso di Giuseppe Verdi, la cui carriera si sviluppò perlopiù nei decenni antecedenti alla creazione di tali normative. "Da una prospettiva economica" ha scritto lo storico John Rosselli, "Verdi sarebbe stato l'equivalente ottocentesco di Andrew Lloyd Webber[1]... o lo *sarebbe stato* se avesse avuto la possibilità di riscuotere quanto gli spettava."[2] Quest'osservazione - "se avesse avuto *la possibilità di riscuotere*" - rivela un aspetto chiave della questione. Sul finire della sua carriera Verdi era decisamente benestante ma, negli ultimi anni della sua vita, si lamentava con rabbia (insieme al suo editore principale, ovvero Ricordi) delle "somme guadagnate ma ancora negate". La pirateria, l'implementazione inefficace delle leggi nei vari Paesi europei (e man mano nei vari continenti) e un controllo lasco sulla riscossione delle somme dovute contribuirono a creare uno scenario frustrante a livello tanto economico quanto etico.

La pirateria esisteva da sempre, fin dai tempi in cui le esibizioni musicali avevano iniziato a uscire dalle corti e dai teatri privati per trasformarsi in iniziative commerciali, come stratagemma per evitare di versare i compensi per la musica utilizzata nelle esecuzioni pubbliche o sottoforma di vendita di spartiti copiati illegalmente. Oltre che economico, il danno riguardava anche la reputazione: negli anni Trenta dell'Ottocento il compositore Gaetano Donizetti, per esempio, si lamentò in varie occasioni con l'editore Giovanni Ricordi del fatto che le copie non autorizzate delle sue opere, riorchestrate con scarsa competenza da musicanti anonimi, stessero intaccando la sua immagine e gli negassero ulteriori possibilità di trarre profitto dai suoi lavori.

Oltre a una legge generale sul copyright diventò impellente la creazione di figure che potessero gestire la riscossione dei diritti d'esecuzione e punire la pirateria. Fra le prime iniziative troviamo l'Associazione Italiana degli Autori (SIA, tra i cui fondatori troviamo anche Verdi, poi ampliata per includere anche gli editori),[3] fondata nel 1882 sulla scia di altri progetti nazionali nati vent'anni prima e poi modificati sulla falsariga dell'Associazione francese degli autori, dei compositori e degli editori musicali (risalente al 1851). L'associazione francese era stata costituita "per riscuotere i compensi derivanti dalle esecuzioni musicali nei *cafés*"; nel Novecento, "quando le esibizioni musicali pubbliche si ampliarono, prevedendo l'utilizzo di fonografi o grammofoni in luoghi pubblici, vennero fondate nuove società in vari Paesi".[4]

È interessante notare che Giacomo Puccini, molti anni dopo, avrebbe avuto un'influenza decisiva nel lancio della prima organizzazione nordamericana per la tutela dei diritti d'autore musicali, l'ASCAP. La storia narra che nel 1910 Puccini, a New York per la prima de *La fanciulla del West*, avesse sentito una delle sue melodie suonate dal complesso del ristorante in cui stava pranzando con Victor Herbert, compositore di operette. Quando chiese se fosse previsto un compenso per i diritti di tali esecuzioni, il commensale gli rispose di no. In seguito domandò al suo editore quali fossero i guadagni derivanti da tali esecuzioni negli Stati Uniti, e ottenne la stessa risposta: zero. Più avanti, racconta la leggenda, spiegò a Herbert che in Europa esistevano associazioni di tutela del copyright che esigevano compensi per le licenze che valevano per tutte le esecuzioni pubbliche. Quello scambio avrebbe spinto Herbert, quattro anni dopo, a impegnarsi in prima persona per la fondazione di un'agenzia americana analoga (ASCAP).[5]

Tutto ciò contribuì alla creazione di diritti a tutela della proprietà intellettuale nell'ambito delle performance musicali pubbliche che generavano profitti, e a tutela del copyright della musica stampata nel concetto tradizionale di queste attività. Gli editori musicali si erano sempre dedicati – con l'autorizzazione e spesso la partecipazione dei compositori che rappresentavano – alla preparazione di adattamenti e trascrizioni diversi delle opere di musica classica, destinate a un ampio pubblico di musicisti dilettanti. Oltre a seguire le proprie attività principali, i maggiori editori diventarono anche rivenditori (e talvolta produttori) di strumenti musicali: tutto ciò rientrava in un modello imprenditoriale di editoria musicale "tradizionale". Naturalmente, allo stesso tempo, circolavano quantità limitate di adattamenti "popolari" e non autorizzati dei temi operistici, in una certa misura tollerate. Fino al termine dell'Ottocento queste esibizioni pubbliche (eseguite dai musicisti di strada dell'epoca) non avevano rappresentato una reale concorrenza agli affari degli editori. Ma all'inizio del Novecento, quando il successo della "musica popolare" cominciò a crescere in modo esponenziale – soprattutto attraverso generi che, secondo i musicisti classici, potevano svilire le loro opere originali –, il problema diventò decisamente tangibile. I compositori di musica "colta" non disprezzavano per partito preso queste tendenze "popolari" che riscuotevano sempre più successo (pensiamo alle incursioni nel pop degli albori e nel jazz fatte da compositori come Debussy, Ravel, Satie, Stravinskij e altri), ma volevano essere loro a realizzare tale musica, o quantomeno a controllarne le licenze. Soprattutto perché temevano che la natura intrinseca delle loro melodie potesse essere stravolta da adattamenti non tradizionali,[6] che ricordano il "campionamento" contemporaneo.

A quel punto, ai primi del Novecento, con l'avvento di case discografiche che proponevano sul mercato le esibizioni di artisti importanti, la concorrenza si era fatta davvero serrata. Gli spartiti di un editore erano generalmente destinati all'intrattenimento casalingo o a piccole performance dal vivo. Ma i dischi fonografici si stavano trasformando in un elemento centrale dell'intrattenimento domestico: chi li acquistava poteva infatti ascoltare stelle di prima grandezza dell'opera, come Enrico Caruso, godendosi performance riprodotte alla perfezione, senza limiti di tempo e spesso senza versare un compenso all'editore (e quindi nemmeno al compositore). Nel 1907, mentre si trovava a New York per supervisionare la messa in scena di quattro sue opere, Puccini scrisse una lunga lettera pubblicata dal "New York Herald" che trattava proprio questi temi fondamentali: "Sono tendenzialmente piuttosto orgoglioso del fatto che il mio Paese sia tra i primi al mondo ad aver esteso ai compositori il diritto di controllare la riproduzione delle loro opere effettuata attraverso qualsiasi moderna attrezzatura musicale meccanica, compreso il fonografo. Naturalmente, quando le nostre leggi sul copyright sono state emanate, era impossibile anche solo immaginare simili mezzi di riproduzione delle onde sonore. [...] Ma i tribunali italiani hanno stabilito che i fonografi rientrano nella legge sul copyright in base al principio generale per cui l'autore ha il diritto di utilizzare e controllare le proprie opere dell'ingegno, a prescindere dal mezzo con cui vengono riprodotte a beneficio del pubblico. [...] Benché sia assolutamente felice di sapere che interpreti di spicco della mia musica – fra cui alcuni miei compatrioti come i signori Caruso e Scotti – ricevano onorari principeschi per registrare al fonografo arie tratte dalle mie opere, e inoltre riscuotano generose royalties derivanti dalla vendita di tali registrazioni, mi sembra stranamente illogico che al compositore di tali melodie non venga versato neppure un minimo riconoscimento economico. A differenza dei manager operistici che producono le opere musicali e degli editori che le pubblicano, i fabbricanti di tali strumenti non esercitano alcuno sforzo produttivo né stimolano o incoraggiano lavori originali di composizione, che sfruttano però per il proprio tornaconto. Sono certo che gli americani, convinti sostenitori del principio di giustizia, uguaglianza e trattamento equo, si uniranno all'Italia nella lotta contro questa forma di pirateria musicale".[7]

Per gli Stati Uniti il *Copyright Act* del 1909, che definiva i dischi fonografici "copie" analoghe alla musica stampata, fu cruciale per i cambiamenti in quest'ambito. È di fondamentale importanza comprendere la differenza tra la definizione di "copyright" (letteralmente, "diritto di creare delle copie") e il concetto più ampio di "diritti d'autore" (o proprietà intellettuale), che comprendono i diritti "morali": di attribuzione (il riconoscimento in quanto autore di un'opera) e d'integrità (per prevenire adattamenti o usi diversi che comprometterebbero l'integrità del lavoro così com'è stato concepito dall'autore). Ed è fondamentale anche capire se la riproduzione meccanica violasse il diritto degli editori di trarre profitto dalle esecuzioni pubbliche, ogni volta che i brani venivano suonati, o se gli obblighi nei confronti dell'editore originario terminassero nel momento in cui una copia veniva acquistata. È interessante notare che i produttori di fonografi erano contrari a un compenso per le esibizioni pubbliche poiché sostenevano che fossero una forma di pubblicità gratuita che contribuiva a incrementare le vendite degli spartiti, anziché ostacolarle.[8]

Forse alcuni piccoli editori, i cui introiti derivavano unicamente dalle vendite di musica stampata, si sarebbero detti d'accordo. Ma per una società come Casa Ricordi, per cui una cospicua parte dei profitti proveniva dal noleggio della musica ai teatri per le produzioni dal vivo, oltre che dai diritti legati alle esecuzioni, una simile distinzione era cruciale. Un'ulteriore complicazione nasceva dal fatto che, secondo i produttori di fonografi, le performance di grande successo su registrazioni meccaniche, come quelle di Enrico Caruso e Al Jolson, "conferivano un crescente valore commerciale ai brani, al pari dei compositori (se non in misura maggiore)".[9] È interessante notare che questa posizione rispecchia una realtà storica precedente: nel corso del Settecento e dell'Ottocento, infatti, le stelle di spicco dell'opera guadagnavano più dei compositori delle opere stesse.

La crescita dell'industria fonografica si verificò, casualmente, nello stesso periodo della Convenzione di Berna, e i produttori di questo nuovo settore non accolsero con favore l'imposizione dettata dalla Convenzione, secondo cui "il copyright si estende ad 'appropriazioni indirette' di opere musicali" poiché, "dai primi anni del Ventesimo secolo, l'industria fonografica si è arricchita realizzando, senza il consenso del detentore del copyright, registrazioni sonore di esecuzioni di opere musicali e vendendo milioni di dischi ai proprietari di fonografi [...]. I compositori musicali – ovvero i detentori del copyright delle opere musicali soggette ad 'appropriazione' – non hanno ricevuto alcun compenso da parte dell'industria fonografica per lo sfruttamento delle loro opere".[10] L'industria discografica si oppose strenuamente all'adozione della legge americana del 1909: "A differenza dei lobbisti futuri, che avrebbero difeso i benefici privati, gli esponenti dell'industria discografica potevano sostenere che la loro causa si fondasse su considerazioni legate al benessere pubblico. Se il Congresso avesse ascoltato le ragioni dei creatori in difesa dell'illimitata possibilità di controllare le registrazioni delle proprie opere, uno o due produttori avrebbero potuto convincere i creatori a cedere loro i diritti, si sarebbero accaparrati tutti i copyright musicali e avrebbero imposto prezzi esorbitanti per i dischi. La produzione monopolistica avrebbe così estromesso dal mercato la maggior parte delle società discografiche e il pubblico avrebbe risentito delle imposizioni dei monopolisti".[11] Malgrado gli sforzi dei lobbisti, il buonsenso legislativo ebbe la meglio e la legge del 1909 fu approvata. Come scrive David Suisman, questo passo avrebbe segnato "una nuova epoca del copyright grazie alla plateale asserzione di un diritto proprietario inedito: quello meccanico". E, così facendo, "diede maggiore potere a editori e compositori", rafforzando "il valore della musica intesa come proprietà e non come processo".[12] Per gli editori musicali tradizionali si trattò di una vittoria tutt'altro che minore. Come già accennato, la riproduzione meccanica dei brani musicali era cresciuta in modo esponenziale, passando da "curiosità" limitata all'intrattenimento casalingo (o in luoghi di dimensioni modeste) alla fine dell'Ottocento a enorme impresa commerciale nel secolo successivo: "Il valore dei prodotti dell'industria fonografica [...] salì dai 2,2 milioni di dollari del 1899 ai 10,2 milioni di dollari nel 1904, e non mostrava alcun segno di cedimento".[13] Parte di questa crescita deriva anche dal moltiplicarsi dei progressi tecnologici. Per realizzare i primi cilindri fonografici di cera utilizzando i metodi di Thomas Edison o Alexander Bell, musicisti e cantanti dovevano suonare o cantare un brano più volte, con una schiera di strumenti di registrazione che, disposti tutt'attorno, catturavano l'esecuzione in tempo reale; ogni dispositivo creava un unico cilindro. Sul finire degli anni Ottanta dell'Ottocento Emile Berliner inventò il "disco fonografico matrice", grazie al quale era possibile realizzare innumerevoli copie,[14] e i prezzi iniziarono a calare rapidamente: era nato un prodotto per il mercato di massa. Nei primi anni, i dischi ospitavano brani brevi o estratti che duravano solo pochi minuti. Ma era chiaro che di lì a poco sarebbero state proposte opere intere, in raccolte composte da più dischi dalla durata maggiore.

Insieme alla sfida posta dai dischi fonografici arrivò quella del mondo del cinema, sempre più florido. A Milano, le proiezioni di film diventarono attrazioni importanti sul finire dell'Ottocento; nel 1904 persino un rinomato teatro lirico come il Dal Verme (che vent'anni addietro aveva ospitato la prima de *Le Villi*, l'opera d'esordio di Puccini) iniziò a proiettare film. E, fin dagli albori, i film (che di rado erano "muti", anche prima dell'avvento della tecnologia della sincronizzazione sonora incorporata sulla pellicola) presentavano un accompagnamento musicale. Già nel 1906 la questione divenne motivo di preoccupazione per gli amministratori di Casa Ricordi: Umberto Campanari, un avvocato del consiglio d'amministrazione, dichiarò di aver sentito parlare a Palermo di "una nuova apparizione di riproduzioni musicali meccaniche" che utilizzavano brani tratti da *La traviata* di Verdi per accompagnare un film. Secondo Campanari si trattava di "un grave pericolo di concorrenza dalle continue e sempre nuove applicazioni [non autorizzate] della meccanica". Era, avvisò, "un primo tentativo per poi fare spettacoli più completi, accompagnando con la musica intiere opere". Concludeva dicendo che, senza dubbio, ciò poteva danneggiare profondamente le "proprietà" di Ricordi, dato che nelle piccole città ci sarebbe stata la possibilità di assistere a esecuzioni de *La traviata* "come si rappresenta ora alla Scala e si comprende come il pubblico di quei piccoli teatri andrebbe in folla ad udire, sia pure più o meno bene riprodotte, le abilità canore di artisti che mai avrebbe sognato di avere nella propria città. E così si rinuncerebbe ad organizzare spettacoli relativamente costosi e che necessitano un certo prezzo d'ingresso", per frequentare invece il cinema più vicino, "spendendo solo 20 o 30 centesimi".[15] Una previsione decisamente azzeccata e per nulla fantascientifica. Già nel 1911 - quasi vent'anni prima che il "sonoro sincronizzato" diventasse la norma nei film - un giornalista americano scrisse: "[L'inventore Thomas] Edison ha profetizzato che a breve un membro della classe operaia si presenterà all'entrata di un cinema, pagherà 10 centesimi e assisterà a una riproduzione di scene tratte dall'opera lirica, così come vengono presentate alla Metropolitan Opera House di New York" e che nell'immediato futuro si sarebbero potute "presentare al pubblico americano scene tratte dall'opera lirica, così come vengono presentate alla Grand Opera House di Parigi, a Covent Garden a Londra e alla Scala di Milano. E così le novità dell'opera, che altrimenti in questo Paese non sarebbero state udite per anni, saranno presentate entro un anno dal loro debutto in Europa".[16]

L'idea che nel 1911 il potenziale cliente di un cinema potesse "pagare 10 centesimi" (equivalenti a 3,34 dollari nel 2024) ed evitare così di assistere all'esecuzione dal vivo di un'opera lirica fece probabilmente venire la pelle d'oca a un editore come Ricordi, la cui principale fonte di guadagno derivava dai diritti legati alle produzioni operistiche dal vivo. E, di conseguenza, deve aver fatto riflettere i compositori, le cui royalties derivavano proprio da quei diritti. Durante la prima metà del Novecento, le leggi che estendevano i diritti alle esecuzioni pubbliche avrebbero permesso ai "detentori dei copyright cinematografici e musicali di rivendicare pagamenti per le esecuzioni destinate al pubblico di massa, ai frequentatori dei cinema o ai clienti dei luoghi d'intrattenimento, o agli ascoltatori delle trasmissioni radiofoniche che diffondevano registrazione musicali".[17] Nel frattempo, Ricordi cercava di individuare un modo per controllare gli utilizzi delle sue proprietà, nonché un relativo compenso.[18]

I nuovi sconvolgimenti tecnologici del Ventesimo secolo sarebbero naturalmente proseguiti: la prima trasmissione radiofonica di un'opera messa in scena a New York avvenne nel 1910, mentre in Europa la Prussian State Opera (Berlino) trasmise *Madama Butterfly* di Puccini nel 1921, appena tre anni prima della sua scomparsa.

I parallelismi fra i cambiamenti avvenuti nei primi del Novecento, le conseguenti battaglie legate al copyright e al concetto stesso di proprietà intellettuale e quelli dei nostri tempi sono notevoli. Come sempre accade nel caso di rapidi progressi tecnologici, la legge sul copyright e la tutela della proprietà intellettuale faticarono a tenere il passo con i mutamenti. Nel Ventunesimo secolo le piattaforme che distribuiscono musica e video in streaming – e più di recente l'intelligenza artificiale, che minaccia il concetto basilare di autorialità e del "controllo" della proprietà intellettuale – pongono una sfida formidabile quanto quella di cent'anni fa. Com'è accaduto in passato con le prime lobby fonografiche, oggi qualcuno potrebbe sostenere che il concetto di tutela del copyright in campo artistico vada archiviato. Oggi, proprio come ai tempi di Puccini, prosegue la lotta per far rispettare, e tutelare, la proprietà intellettuale.

65

Manifesto per Il nuovo grafofono Columbia

8.

"Avalon" e "Cho-Cho-San"

La causa tra Giacomo Puccini e Casa Ricordi del 1923

Niccolò Galliano

Il tema principale della canzone *Avalon* a confronto con quello di "E lucevan le stelle" di *Tosca*

Possiamo solo immaginare lo sgomento con cui Puccini apprese, nel febbraio del 1922, che negli Stati Uniti diverse tra le sue arie più celebri erano state riadattate come ballabili a uso e consumo dell'industria di *popular music*. Se in precedenza tali arrangiamenti erano spesso circolati sottobanco nei repertori delle orchestre che animavano i club statunitensi, ora uno di essi era venduto dalla stessa Casa Ricordi, l'editore milanese con cui il compositore collaborava da quasi quarant'anni e che ne esponeva alcune copie nelle vetrine del suo negozio di New York. La disputa si spostò presto sul piano legale e fu risolta con il pagamento di un risarcimento da parte dell'editore; tuttavia, se può apparire un aneddoto sorvolabile all'interno della vicenda biografica pucciniana, la causa tra Puccini e Ricordi getta luce sui cambiamenti che stavano avvenendo nel mercato musicale internazionale.

Ma andiamo con ordine. Due anni prima l'editore di Detroit J. H. Remick aveva pubblicato un fox-trot dal titolo *Avalon*,[1] originariamente composto da Vincent Rose per il musical *Sinbad* di Harold Atteridge (1918). La canzone, una malcelata pubblicità dell'omonima località turistica sull'isola californiana di Santa Catalina, era stata portata al successo dalla performance discografica di Al Jolson,[2] posizionandosi per nove settimane al secondo posto delle classifiche statunitensi. Tuttavia, il chorus del brano presentava una linea melodica in apparenza simile a quella del verso «Oh! Dolci baci, o languide carezze», tratto dall'aria "E lucevan le stelle" della Tosca. Accortosi del potenziale–per quanto inverosimile–plagio, nel 1921 George Maxwell, direttore della filiale di Ricordi New York, decise di intentare una causa contro Remick, che si rivelò tuttavia lunga e logorante. Dopo mesi di contenziosi, nel novembre dello stesso anno le due parti raggiunsero un accordo, che prevedeva il pagamento di 14.000 dollari da parte di Remick in cambio dell'interruzione di qualsiasi ulteriore azione legale. Concluse le trattative, Remick inviò a Puccini una lettera con cui chiedeva perdono al Maestro per aver inconsciamente agevolato un plagio della sua arte. Dal canto suo Puccini, all'oscuro di tutto, incaricò un amico residente a New York di indagare sulla faccenda, dal quale apprese che un altro fox-trot, questa volta su musiche della *Madama Butterfly*, era pubblicato e venduto direttamente presso la succursale americana di Ricordi. La canzone, intitolata *Cho-Cho-San*, univa i temi del "Coro a bocca chiusa" e dell'aria "Un bel dì, vedremo", riarrangiati per l'occasione dal pianista Hugo Frey, a cui era stato persino aggiunto un testo inedito che ricolorava di tinte esotiche e stereotipate il rapporto tra i due protagonisti dell'opera.[3]

A questo punto, il compositore decise di contattare la sede centrale di Ricordi esigendo spiegazioni per l'uso fatto della sua musica senza il suo consenso. Per l'editore la notizia risultava altrettanto spiazzante: la filiale di New York aveva preso autonomamente sia la decisione di citare Remick per *Avalon* sia di pubblicare *Cho-Cho-San*, quest'ultima con l'obiettivo di fare concorrenza ad altre canzoni allora in voga ispirate alla vicenda dell'opera. A poco servirono le giustificazioni dell'azienda, secondo cui il ballabile era stato pensato esclusivamente per il mercato americano e che, superata la minaccia della concorrenza, ne era subito cessata la vendita. La succursale americana agiva sotto l'egida della casa di Milano, che aveva dunque una responsabilità morale nella questione. Vista l'impossibilità di trovare un terreno comune, fu allora inevitabile trasferire la disputa in un'aula di tribunale.

Il 15 ottobre 1923 fu aperta una causa presso il Tribunale di Milano. La notizia fece il giro dei giornali di tutto il mondo, dal "Corriere della sera"[4] al "New York Times",[5] fino al "The Straits Times" di Singapore.[6] Si stava assistendo

67

Avalon, canzone di
Al Jolson & Vincent Rose,
editore Jerome H. Remick & C.,
New York e Detroit, 1920

68

Cho-Cho-San, "canzone fox-trot"
sulle melodie di Puccini arrangiate
da Hugo Frey, edizioni G. Ricordi & C.,
New York

allo scontro tra opera e musica di consumo, tra il grande compositore e un sistema produttivo famelico al cui centro si era ritrovato, suo malgrado, il più importante editore musicale italiano, da sempre depositario dell'arte operistica. Fin da principio, il timore di Ricordi fu che la controversia legata ai due ballabili fosse portata sul piano del diritto morale: se il giudice avesse accertato il danno morale subito da Puccini, la vittoria di quest'ultimo sarebbe stata inevitabile; rispetto ad *Avalon*, invece, se ne fosse stato dimostrato il plagio, Puccini avrebbe avuto diritto a reclamare il risarcimento ottenuto dalla casa di New York.

Un mese dopo, il 19 novembre, arrivò la sentenza: il tribunale non accertava il plagio di *Avalon* dalla *Tosca*, mentre giudicava colpevole l'editore del danno morale subito da Puccini per *Cho-Cho-San*, condannandolo al pagamento di un risarcimento. Le due parti in causa, entrambe solo parzialmente sconfitte, esultarono. In particolare, Ricordi sfruttò l'esito del processo per ristabilire il controllo della filiale di New York, che per stare al passo con l'industria culturale era disposta a sacrificare i tradizionali valori che avevano contraddistinto fino ad allora l'attività editoriale: come si legge in una lettera della direzione milanese a Maxwell, «tutti potranno trattare la musica come una merce passibile di essere modificata, cambiata, danneggiata e, se volete, anche prostituita, per farla amare dal pubblico, ma questo non potrà mai essere fatto da Casa Ricordi senza il consenso espresso dell'autore».[7]

Allargando lo sguardo, la sentenza fu percepita come una vittoria contro il jazz, inteso in senso ampio come quella moderna musica leggera che, come scrisse George Gershwin in un articolo di pochi anni più tardi,[8] era la voce dell'anima americana: «in America è stato da poco fondato un movimento contro tali profanazioni e contro le jazz band che si spera non sarà del tutto infruttuoso e possa indicare l'inizio della fine, visto che anche il jazz, come tutti i balli che lo hanno preceduto, passerà di moda e cadrà nell'oblio».[9] Come sappiamo, il jazz e la popular music avrebbero avuto una vita lunga e col passare del tempo pratiche di appropriazione sarebbero divenute comuni anche nel vecchio mondo: nel 1930 Ricordi perse una causa per un presunto plagio del "Coro a bocca chiusa" nel musical *Silver Wings* in scena al teatro Dominion di Londra,[10] mentre nel 1937 una rivisitazione della medesima melodia nella canzone *Tornerai* di Dino Olivieri fu accolta senza rimostranze.[11] L'epoca in cui il diritto d'autore era difeso a spada tratta dai grandi editori, soprattutto per prestiti e citazioni nella musica leggera, stava ormai terminando sotto il dinamismo dell'industria internazionale. Puccini–purtroppo o per fortuna– non fece a tempo a vedere tali trasformazioni, ma possiamo immaginare che giunse alla fine del suo percorso artistico e di vita con la soddisfazione di aver affermato, anche solo per poco, la propria figura autoriale sul mercato musicale a lui contemporaneo.

CORRIERE GIUDIZIARIO

Tribunale Civile di Milano
Il m.° Puccini contro casa Ricordi
Tosca e Butterfly adattate a fox-trot?

Una grave interessante causa è stata discussa ieri alla I sezione del Tribunale Civile, presieduta dal cons. Marchi: quella intentata dal maestro Giacomo Puccini contro la vecchia casa editrice che lo accompagnò nella sua ascesa verso la celebrità e divise con lui le fortune dell'opera sua: la società G. Ricordi e C., di Milano.

Il maestro Puccini, il quale dichiara di essere stato tratto suo malgrado a questa vertenza dal dovere di tutelare la dignità artistica propria e della propria opera contro offese e manomissioni che ledono il buon nome dell'arte italiana, nella seconda metà di gennaio dello scorso anno riceveva una lettera dalla compagnia Remick e C., di Detroit (Stati Uniti) colla quale, premesso che quella Compagnia aveva pubblicato un'aria fox-trot intitolata «Avalon» che le era stata venduta da una delle grandi società teatrali dell'America, e che circa due mesi dopo la casa Ricordi e C. aveva presentato un ricorso contro la pubblicazione di tale musica perchè essa sembrava contenere quattro battute dell'aria principale della «Tosca» (in altre parole plagiava i temi di questa), soggiungeva che la vertenza si era transatta mediante il pagamento da parte della casa Remick alla ditta Ricordi di 14.000 dollari, di cui 2000 già sborsati. Lo scritto concludeva facendo presente al maestro: «se inconsciamente fu in qualche modo plagiata la vostra grande opera «La Tosca», noi ci siamo sforzati di farne ammenda...»

PUCCINI WINS DAMAGES FOR 'BUTTERFLY' JAZZ

Milan Court Condemns Ricordi Co. to Pay for Alleged Injury to Composer's 'Dignity.'

MILAN, Italy, Nov. 20.—Giacomo Puccini, the composer, has won his suit against the Ricordi music publishing company, in which he complained that his dignity and artistic personality had been injured by the publication of a fox-trot containing an excerpt from his opera, "Madama Butterfly."

The Ricordi Company was condemned to pay damages, the amount of which will be fixed at a separate sitting, and also to pay two-thirds of the court costs. It was shown at the trial that publication of the fox-trot in question had been stopped.

George Maxwell, head of the New York branch of the Ricordi music publishing company, yesterday described the action brought against the company in Milan by Signor Puccini as a "topsy-turvy" affair.

"I have not been subpoenaed in the case, nor have any of our representatives," Mr. Maxwell said. "It is curious, inasmuch as this case was heard in Italy, while it refers to a publication by our branch here. Early this year Signor Puccini informed us that his dignity was offended by a jazz excerpt from 'Madama Butterfly,' and to meet his wishes the publication in this form was withdrawn. Many thousand copies had been sold, and today, of course, it is still played in dance halls and cabarets.

"I think the distinguished Italian composer's attitude is rather curious, since it is reported that he has completed a deal with another American music firm for the privilege of jazzing the music from 'La Tosca.' I believe this firm paid him $120,000 for the jazz rights.

"I understand that the Italian law permits a case of this nature to be heard locally, though how a decision of an Italian court could affect the publication of music in America I fail to see. This is the second lawsuit which the Ricordi firm had recently had with Signor Puccini. The first suit, which we won, was far more important, as it involved questions of copyright, author's fees and the general representation of the Italian composer in this country."

Articoli che descrivono i risultati di azioni legali vinte da Ricordi contro Remick & Co per plagio, e da Puccini contro l'affiliato di New York della Ricordi per "danni morali".

71

Antologia di canzoni dal musical *Silver Wings* di Dion Titheradge, Joseph Tunbridge, Jack Walker, selezione per pianoforte (Londra: Chappell, 1930)

72

Spartito della canzone "Tornerai" di Dino Olivieri e Nino Rastelli (Milano: Leonardi, 1937)

9.

Turandot e la grande tradizione

Roger Parker

Turandot, manifesto di Leopoldo Metlicovitz
realizzato per la prima assoluta dell'opera,
Milano, Teatro alla Scala, 25 aprile 1926

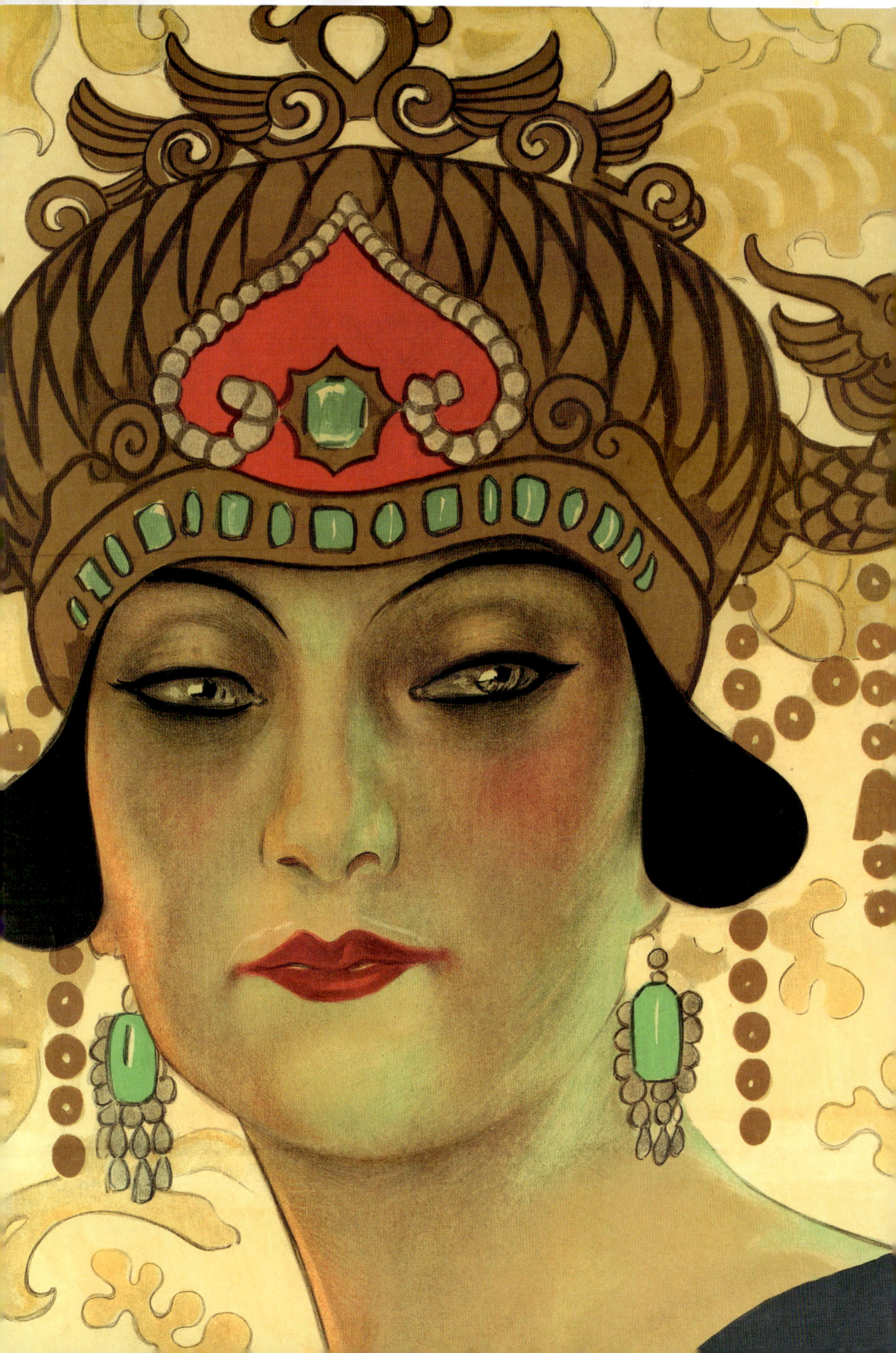

All'inizio del settembre del 1924, Puccini stava pian piano recuperando le forze dopo lunghi problemi di salute. Il finale di *Turandot*, da tempo all'orizzonte ma sfuggente e quindi causa di frustrazione, ora sembrava possibile. Il progetto, inizialmente suggerito dai librettisti Giuseppe Adami e Renato Simoni nel marzo del 1920, aveva attraversato una genesi straziante: innumerevoli proposte in versi e prosa erano state presentate e rifiutate; si era verificata una prevedibile crisi intermedia durante la quale Puccini, che aveva completato metà dell'opera, si era convinto di doverne modificare radicalmente la struttura generale; e infine era arrivato un ultimo ostacolo. Alla fine del marzo 1924 tutto ciò che precedeva la scena finale era pronto e orchestrato, e la partitura autografa era stata persino già inviata all'editore Ricordi per l'incisione. Ma il duetto conclusivo fra Calaf e Turandot, la scena che per Puccini era sempre stata la chiave di volta dell'opera, non riusciva a trovare una forma.

La vicenda di *Turandot* si svolge in una Cina lontana e leggendaria. Nel primo e nel secondo atto Calaf, un principe sconosciuto, ottiene il permesso di sposare la gelida principessa Turandot rispondendo correttamente a tre indovinelli. Lei però non vuole saperne di lui (né di nessun altro uomo, in realtà) e Calaf, forte del proprio successo, le concede con magnanimità la possibilità di fuggire: se la principessa riuscirà a scoprire il suo nome prima dell'alba, il principe morirà anziché rivendicare la sua mano. La prima scena del terzo atto, che si apre con la famosa romanza per tenore "Nessun dorma", mostra i disperati tentativi della principessa di scoprire l'identità di Calaf. Timur (il padre cieco e anziano del principe) e Liù (la sua schiava, innamorata di Calaf) vengono catturati, e Turandot ordina che vengano torturati affinché rivelino il nome del principe. Liù protegge Timur sostenendo di essere l'unica a conoscere il segreto, poi si uccide per risparmiarsi l'agonia che la attende. La scena si conclude con Timur che si allontana, sconsolato, insieme alla processione funebre della schiava. Il finale è sostanzialmente un lungo duetto fra Calaf e Turandot: sulle prime lei continua a resistergli, ma cede quando Calaf la travolge con un lungo bacio, appassionato e violento (un chiaro simbolo dell'atto operistico difficilmente rappresentabile). In un'estasi degna di Tristano, fatta di amore, morte e passione, Calaf confessa quindi il suo nome. La principessa riunisce una grande folla; il pubblico è convinto che rivelerà il nome del principe causandone la morte, ma all'ultimo istante annuncia con tenerezza che "il suo nome è Amore". L'opera si conclude fra le grida di gioia degli astanti.

Come spesso capitava a Puccini, l'incapacità nel comporre non riguardava, in apparenza, problemi musicali: di tanto in tanto ammetteva di incontrare difficoltà musicali, ma in generale le note fluivano sicure quando riteneva che il libretto fosse pronto. Nel caso di *Turandot*, il suo disagio costante riguardava la struttura verbale della scena finale. Nel dicembre del 1923 il duetto era già stato rivisto tre volte ed era alla quarta bozza. Nel febbraio del 1924 la quarta versione venne bocciata; a marzo, aprile e maggio ci furono degli interventi saltuari e richieste di ulteriori revisioni. L'estate si concluse con un nulla di fatto poiché la malattia ebbe la meglio su Puccini. Le ragioni delle difficoltà di questa scena sono oggetto di discussione, ma la spiegazione più convincente riguarda il personaggio di Liù, inventato da Puccini. La tragedia rappresentata dalla sua morte e dal conseguente e complesso cordoglio funebre ha un enorme peso drammatico: è facile immaginare che il compositore sia rimasto per qualche tempo bloccato nel silenzio, indeciso su come proseguire, su come ravvivare l'affetto del pubblico verso i personaggi principali.

Come abbiamo visto, settembre portò con sé l'impressione di una salute migliore e di rinnovata energia. Un'impressione che, purtroppo, ebbe vita breve. Appena una settimana più tardi Arturo Toscanini, che avrebbe dovuto dirigere la prima di *Turandot*, fece visita a Puccini ed espresse qualche perplessità circa il finale: fu così che il compositore avanzò altre richieste di modifiche del testo per il resto del mese. Ma finalmente i librettisti trovarono la giusta soluzione, o almeno così parve a Puccini. Ai primi di ottobre si disse soddisfatto e si mise al lavoro con impegno. In una decina di giorni aveva completato una serie di abbozzi musicali: la maggior parte delle linee vocali (oltre a un rudimentale accompagnamento per pianoforte) per il primo terzo della scena, fino al lungo bacio e alla battuta pronunciata da Turandot: "La mia gloria è finita!"; tuttavia - ed è forse emblematico - la scena del bacio latitava ancora. Da allora tutto si fermò. A metà ottobre a Puccini venne diagnosticato un tumore alla gola; lui ne fu tenuto all'oscuro, ma il suo stato di salute peggiorò rapidamente. Il 4 novembre fu trasferito in una clinica di Bruxelles che offriva un'ultima speranza, una terapia con la radioterapia. Tuttavia, in seguito al doloroso intervento, Puccini morì il 29 novembre per un infarto. Della scena finale di *Turandot* lasciò solo gli abbozzi già citati.

Ricordi, che aveva già investito una somma notevole nell'opera, incaricò un giovane compositore italiano, Franco Alfano, di completare il lavoro, selezionando ventitré pagine di abbozzi che furono ritenute le più utili allo scopo. I dirigenti di Ricordi si assicurarono che la prima ricevesse un'adeguata attenzione mediatica: al cospetto di critici internazionali, *Turandot* approdò al palco de La Scala, con la direzione di Toscanini, circa un anno e mezzo dopo la scomparsa di Puccini, il 25 aprile 1926. La sera della prima, Toscanini non fece eseguire il finale di Alfano: interruppe la rappresentazione subito dopo che Timur ebbe lasciato il palco con il cadavere di Liù, annunciando al pubblico (le sue parole furono riportate in vari modi) che l'opera si concludeva in quel punto, ovvero con la morte del suo compositore. Tuttavia, dopo quella prima serata, la scena finale di Alfano è diventata (ed è ancora oggi) parte integrante di *Turandot*. Per quanto riguarda la reminiscenza motivica, Alfano fu costretto a adottare perlomeno un'eco della voce del compositore: Puccini, per esempio, aveva già detto chiaramente di volere una grandiosa ripresa corale del "Nessun dorma" come gesto conclusivo dell'opera. La gestione dell'orchestra, però, era una faccenda diversa. Come altri compositori della sua generazione, Alfano non considerava l'orchestrazione come parte dei propri doveri "filologici", e fece pochissimi sforzi per adattare la propria tecnica alla pratica pucciniana. Malgrado avesse utilizzato il libretto approvato da Puccini e avesse studiato le ventitré pagine di abbozzi, concluse *Turandot* con la propria voce orchestrale, come per dichiarare senza mezzi termini una differenza a livello generazionale e di influenze culturali. Nulla di tutto ciò importò al pubblico, il cui entusiasmo rese *Turandot* - nonostante trattasse un tema insolito, avesse un linguaggio musicale a tratti complesso e presentasse una scena finale non troppo pucciniana - una dei maggiori successi del compositore.

L'esuberante modernismo sfoggiato da Alfano nella scena finale di *Turandot* racchiude una certa ironia. Tra gli anni Venti e Trenta del Novecento, Ricordi continuò a commissionare opere ad Alfano e ai suoi coevi, nella chiara speranza che almeno uno o due di loro eguagliassero i traguardi dei titoli intramontabili di Verdi e Puccini. Eppure, man mano che le prime eccessive si susseguivano, diventò sempre più evidente che *Turandot* aveva segnato un punto conclusivo e decisivo nella Grande tradizione. L'epoca dei caposaldi "sempreverdi" del repertorio, iniziata più di un secolo prima con *Il barbiere di Siviglia* di Rossini, era arrivata alla fine. Il fatto che Ricordi abbia continuato ad avere fede nel rinnovamento creativo per molto tempo dopo il debutto di *Turandot* attesta la longevità del suo vecchio modello imprenditoriale: testimonia che, per un secolo, l'impegno verso il progresso operistico (da Rossini a Donizetti e Bellini, fino a Verdi e Puccini) aveva avuto un importante significato a livello commerciale, portando la società a evolversi dagli esordi provinciali per trasformarsi in un attore dell'editoria musicale dall'influenza globale. Ma quell'ambito stava cambiando rapidamente: nuove tecnologie e un crescente benessere stavano rendendo la musica più facilmente fruibile; la Grande tradizione su cui Ricordi si era fondata fino ad allora sarebbe diventata una piccola parte del nuovo ordine mondiale che stava emergendo.

74

Copertina di Galileo Chini
del Numero Unico dedicato alla
prima della *Turandot*, Edizioni S.E.S. 1926

75, 76, 77, 78 - pagine seguenti:

Pagine dal
Numero Unico *Turandot*

TURANDOT

NUMERO UNICO

Autorizzato dalla Casa Editrice
G. RICORDI & C.

EDIZIONI S.E.S.

Giacomo Puccini e i librettisti di "Turandot".

Renato Simoni — Giuseppe Adami

L'ULTIMA IMMAGINE

Ricordo: non si temeva più. Le ultime notizie erano buone. Giacomo Puccini aveva scritto lettere quasi allegre. L'uomo che, malgrado le tenere menzogne dei parenti, aveva intravisto l'ombra, s'era consolato e si accingeva a riamare la vita senza dubbi tormentosi. La morte ha vinto quando pareva, per lo meno, allontanata. La malattia, crudelissima, aveva mandato il maestro quasi in esilio, lontano dalla sua casa, lontano dai dolci luoghi della sua giovinezza e del suo lavoro. I suoi occhi, prima di chiudersi, non si empirono di cielo nostro. Aspettavamo il ritorno di Puccini, con sicurezza. È tornata la sua muta spoglia. Ma l'angoscia che provarono gli italiani, strinse infiniti cuori anche laggiù, nella città straniera dove egli si è spento, ha suscitato pensieri di rimpianto e di tristezza in ogni terra; chè pochi artisti furono amati dalla folla d'ogni lingua e d'ogni continente come questo Giacomo Puccini nostro, che a tanti amori giovanili diede la gioia di sentirsi espressi nel canto, e che trovò, per le più ardenti passioni, la vena limpida e segreta della melodia. Sì, il mondo intero amò, nella sua musica, la pura e lucente freschezza dell'anima italiana. Giacomo Puccini mandò, dovunque, a parlare di noi, le figure che aveva rivestite della grazia spirituale della sua arte.

La sua musica è in noi. Tutti la ricordiamo. S'è diffusa, ha aderito alla nostra sensibilità. È un'anima calda e palpitante, quasi cosa nostra. Sentiamo ora, più che mai, con dolore profondo, la bellezza del dono che egli ci ha fatto, e ricerchiamo il maestro morto in questo suo canto vivo, in questi echi della sua voce chiusi misteriosamente in noi. Non abbiamo bisogno di evocare dei ricordi, perchè egli sia presente, o di riaccostarci muti alla sua opera. La sua opera la portiamo tutti con noi. Basta mormorare il nome di Puccini, e la soffitta del poeta s'empie di canzoni, e Mimì saluta il primo raggio del sole, e Musetta sgonnella, e Rodolfo piange, stringendo fra le braccia la sua pallida amante, e udiamo il grande grido d'amore di De Grieux, e rivediamo la giapponesina infelice che reclina il capo sulla sua povera illusione. Dolci fantasmi, musiche affascinanti! Come vorremmo che, tra di essi, apparisse ancora, dritto, alto, le spalle quadre, il cappello un po' storto, le mani in tasca, il passo fortemente ritmico ma un po' dondolante, Giacomo Puccini col suo viso arso e forte, con la sua ruvida timidezza, con la sua bontà ora accorata ora fanciullesca!

⁂

Negli ultimi giorni del settembre 1924, alla Scala egli suonò, davanti ad Arturo Toscanini, gran parte della sua *Turandot*. Toscanini ascoltava, e poi commentava, con una affettuosità così delicata, così sollecita, che si sarebbe detta presaga. E nessuno, invece, sapeva nulla! Nessuno vide la morte che era in agguato. Puccini accompagnava a mezza voce la musica, un po' curvo sulla partitura. Era l'ora del crepuscolo, l'ora delle pallide tristezze. Ed ecco, quella è di lui l'ultima immagine che resta nel grande teatro dove trionfò tante volte: un uomo che, nella quiete della sera, dice le ultime parole della sua arte, chino sul pianoforte, con la voce un poco stanca.

RENATO SIMONI

COME NACQUE TURANDOT

Nessuna opera fu da Puccini tanto amata come questa *Turandot,* nata da un fervore incrollabile, da una ricerca profonda, da un ardente desiderio di staccarsi dal così detto dramma borghese, per tentare quelle "vie non battute" che da tempo affascinavano il suo spirito avido e irrequieto.

Eran passati oramai tre anni dal *Trittico,* non inoperosamente. Ricerche ed offerte, progetti e trame, libretti e soggetti, s'erano alternati con varia vicenda nell'esame e nella discussione. Ma, come avveniva sempre prima della scelta definitiva, tutto era più o meno rapidamente crollato, frantumandosi contro quella ferrea visione del teatro, quell'infallibile istinto, che costituiva una delle virtù supreme del grande maestro.

C'era da disperare, da disperare veramente. Per quanto, Simoni ed io, avessimo avuto, dirò così, una specie di incarico ufficiale, e ci fossimo tuffati nella ricerca con amore, con fede e con volontà eravamo sgomenti. E Puccini non lavorava, e le sue lettere pittoresche vibravano di impazienza e di invocazione:

"Metto le mani sul pianoforte, e mi si sporcano di polvere! La scrivania è una marèa di lettere, ma non c'è traccia di musica. La musica? Cosa inutile, non avendo libretto. Ho quel grande difetto di scrivere solamente quando i miei carnefici burattini si muovono sulla scena. Potessi essere un sinfonico puro! Ingannerei il mio tempo ed il mio pubblico! Ma io?... Nacqui tanti anni fa, tanti, troppi... quasi un secolo... e il Dio Santo mi toccò col dito mignolo e mi disse scrivi per il teatro, bada bene, solo per il teatro... ed ho seguito il supremo consiglio. O voi, che dite di lavorare per me, e che invece fate tutt'altro, chi commedie, chi poesie, chi articoli, non pensate come dovreste pensare ad un uomo che ha la terra sotto i piedi e che si sente sfuggire ogni giorno, ogni ora il terreno come una frana che lo travolge! Mi si scrivono lettere tanto carine e incoraggianti... ma se invece arrivasse un atto, non sarebbe meglio? Mi ridareste la calma, la fiducia, e la polvere sul pianoforte non si poserebbe più, e la scrivania avrebbe il suo bravo foglio a mille righe!".

Così scriveva il maestro. E noi, qui, con un cruccio ed una preoccupazione sempre più grandi: poterlo accontentare, poter collaborare con lui intorno ad una materia che gli piacesse... Ma quale?

. .

Puccini era venuto a Milano. Una di quelle sue scappate rapide, con in cuore, fin dal momento dell'arrivo, il desiderio di ripartire, di rintanarsi, come diceva lui, fra i suoi pini. E fu proprio in quel pomeriggio di primavera del

UNA POESIA SCHERZOSA AI COLLABORATORI

Mentre ferveva il lavoro iniziale di Turandot *i librettisti avevano regalato al loro Maestro un giocattolo meccanico: un piccolo arrotino che affilando il suo coltello, faceva sprizzar scintille dalla minuscola cote. Era un riferimento burlesco ad un episodio del primo atto, quando i servi del boia, affilano la spada del carnefice.*

E Giacomo Puccini, di rimando, inviò ai suoi due amici e "complici" la poesia che qui riproduciamo, da leggersi — secondo la sua indicazione — tutta d'un fiato, e con la minaccia di servirsi di quella cote per arrotare le forbici e far man bassa sui versi del "gran rimario" ossia del libretto.

L'ULTIMA LETTERA DEL MAESTRO

[Facsimile of handwritten letter:]

> mercoledì sera
>
> Caro Adamino
>
> Per ora è poco utile la cura — applicazioni esterne — un lunedì dio sa cosa mi faranno — per arrivare nell'interno sotto l'epiglottide! Assicurano che non soffrirò — e dicono anche che guarirò — Ora comincio a sperarlo — giorni fa avevo persa ogni speranza di guarigione. Che ore e che giorni —! Io sono pronto a tutto — Scrivetemi qualche volta
>
> affettuosamente vostro
> Puccini

Questa lettera a Giuseppe Adami è l'ultima scritta dal Maestro, alla vigilia della fatale operazione. Essa riflette luminosamente il suo tragico stato d'animo, ma - anche - la sua stoica fermezza.

Pietro Croci che, da Parigi, era corso a Bruxelles, narrò allora, questo commovente episodio circa la consapevolezza che il grande scomparso aveva del proprio male e di cui è prova la terrificante frase con cui questa lettera si chiude: *"Io sono pronto a tutto"*.

E l'episodio è questo:

« Lo so, lo so — egli confidò una sera a suor Maria Giuseppa — il mio male è uno di quelli che non perdonano. So benissimo che soffro di cancro. »

— Non dite questo, maestro — rispose la suora.

— Credete che io non ne sia persuaso? — ribattè egli —. Ma preferisco la morte ad una vita da inferno. Non sapete quanto sia angoscioso per un artista non disporre più dei propri mezzi per lavorare. L'artista soffre più degli altri uomini. Ho ancora tante cose da fare e mi piange l'animo di non riuscirvi. Vedete ho portato qui i miei manoscritti, ma non posso occuparmene. Ma voi non riuscite a comprendere quale sia il mio tormento!

E lasciava cadere con angoscia le mani.

Non vi può, dunque, essere alcun dubbio: Puccini ebbe la grande forza d'animo, per una delicatezza squisita di sentire, di tenere nascosta ai figli la coscienza che aveva del proprio male per dar loro l'illusione di non soffrire.

«Sapete — disse un'altra volta alla suora — che in casa mia vi sono stati tre compositori di musica sacra. Io solo sono stato degenere. Ma ho messo in scena anche una monaca soave al pari di voi, suor Angelica.

— Promettetemi, maestro — rispose la monaca — se guarite di scrivere una cantata per Santa Cecilia.

— Ve lo prometto di cuore, ma ahimè è una promessa vana.»

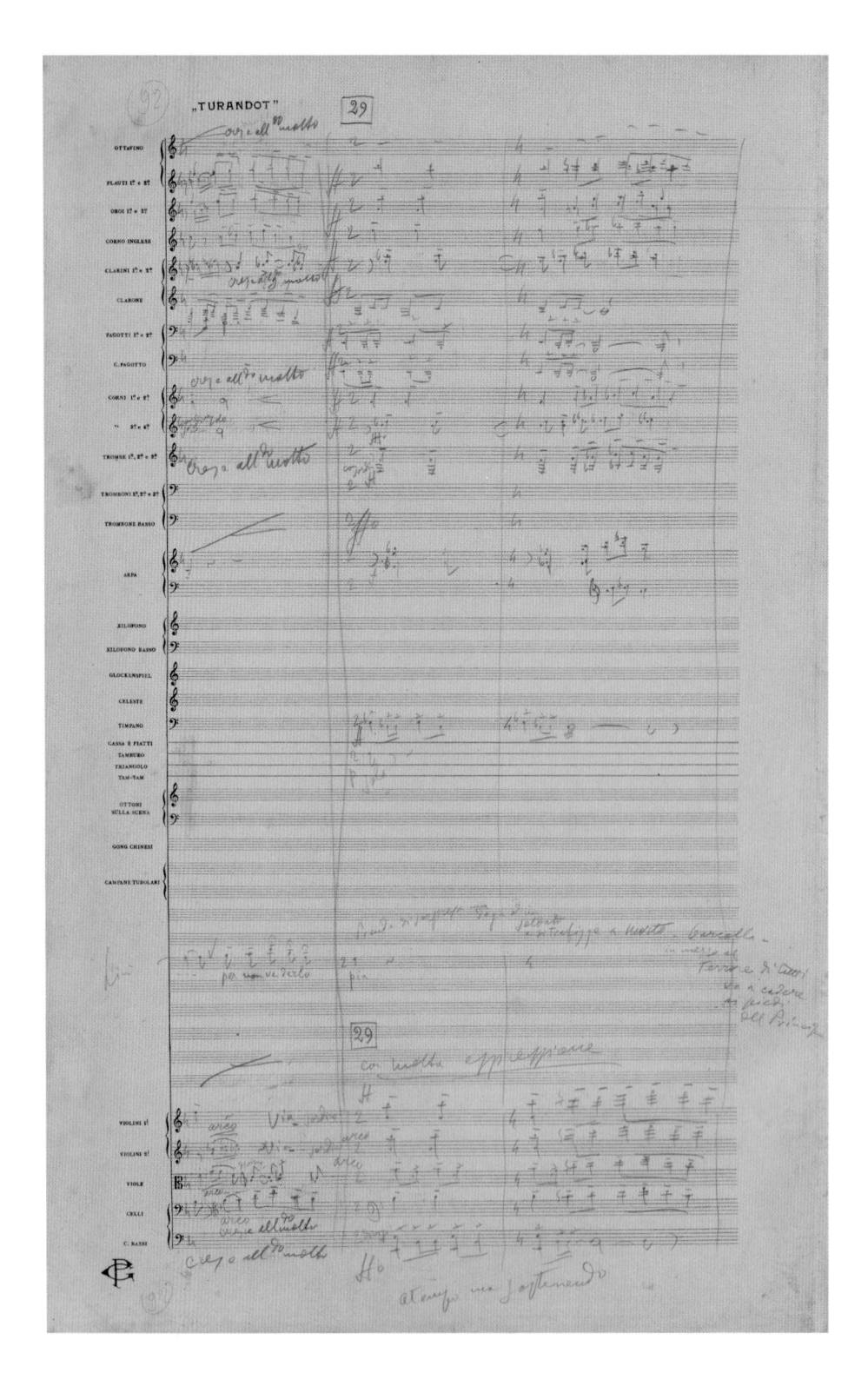

Partitura autografa di Puccini per *Turandot*,
carta 218 verso, alla morte del personaggio Liù

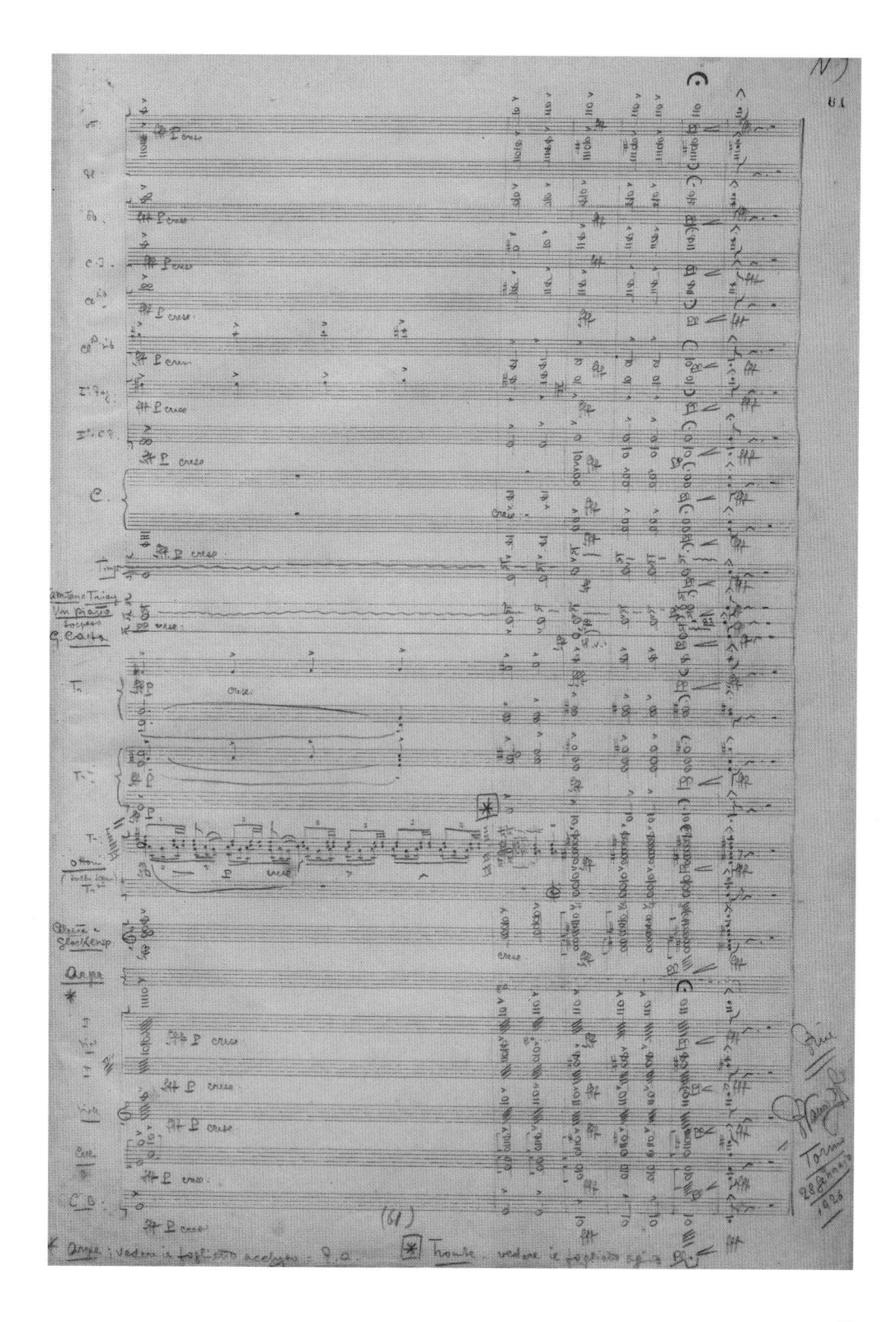

Turandot, finale di Franco Alfano, partitura autografa, carta 61

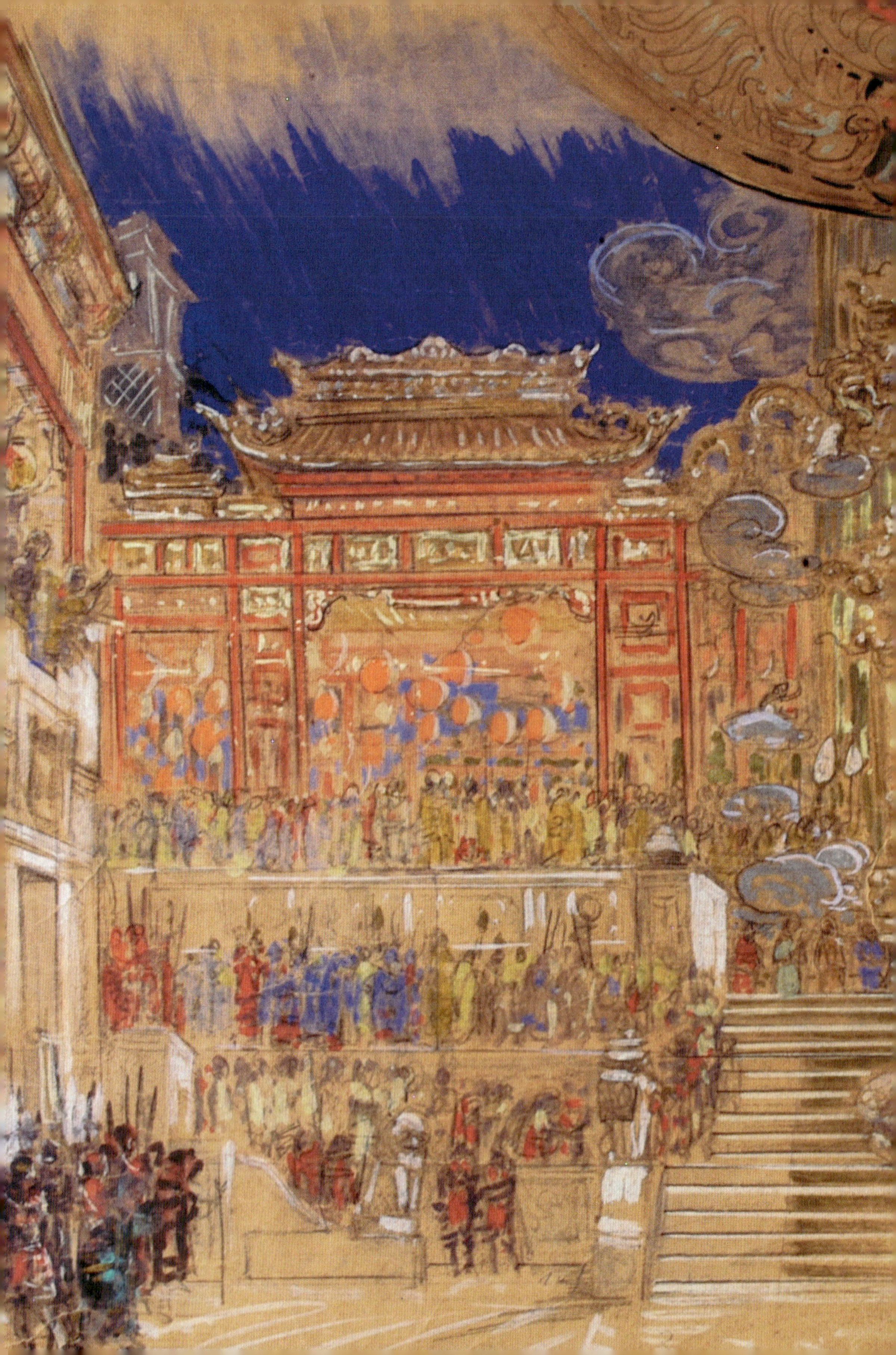

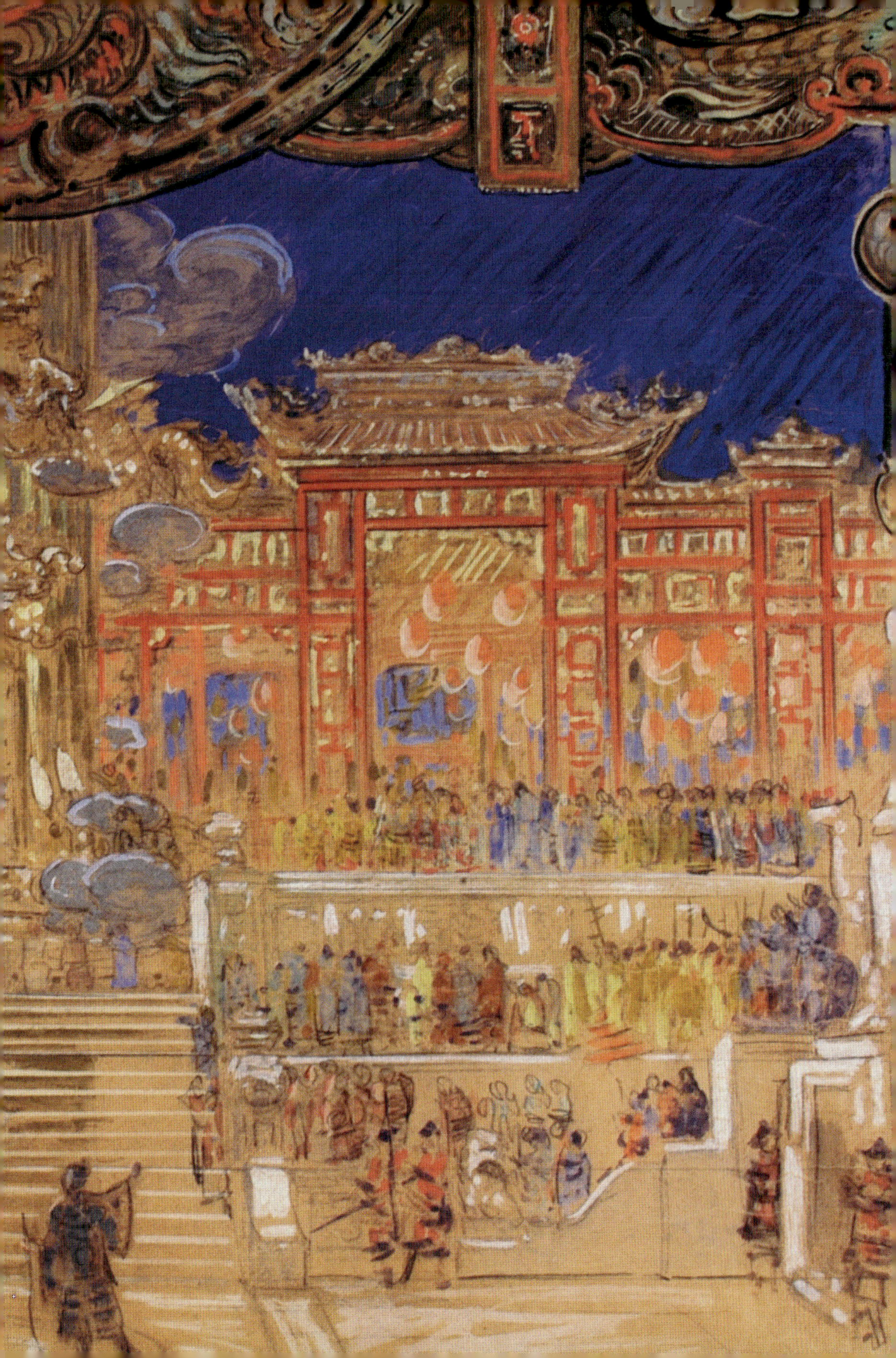

81 - pagine precedenti:

Una vasta piazza di fronte al Palazzo Imperiale,
Atto II, Scena II, bozzetto di Galileo Chini, prima
assoluta, Milano, Teatro alla Scala, 25 Aprile 1926

82

Locandina per la prima assoluta
di *Turandot*, Milano, Teatro alla Scala,
25 Aprile 1926

83

Turandot, Atto II, figurino di Umberto
Brunelleschi per *Turandot*, nuova produzione,
Roma, Teatro Costanzi, 29 Aprile 1926

Saggio Iconografico

Gli schizzi per il finale di Turandot

Copertina del raccoglitore
degli schizzi autografi di
Giacomo Puccini per *Turandot*

GIACOMO PUCCINI

Schizzi autografi

per il duetto finale della

TURANDOT

(23 fogli)

Colpito da un blocco dello scrittore lungo e particolarmente difficile, e alle prese con una salute in declino, Puccini faticava a concludere *Turandot*, che restò di fatto incompleta. Il compositore aveva scritto tutto l'ultimo atto, orchestrazione compresa, fino alla morte del personaggio Liù. Nell'ottobre del 1924 (Puccini morì alla fine di novembre) suonò per Arturo Toscanini (che avrebbe diretto la prima dell'opera) alcuni passi di ciò che aveva in mente per il duetto finale.

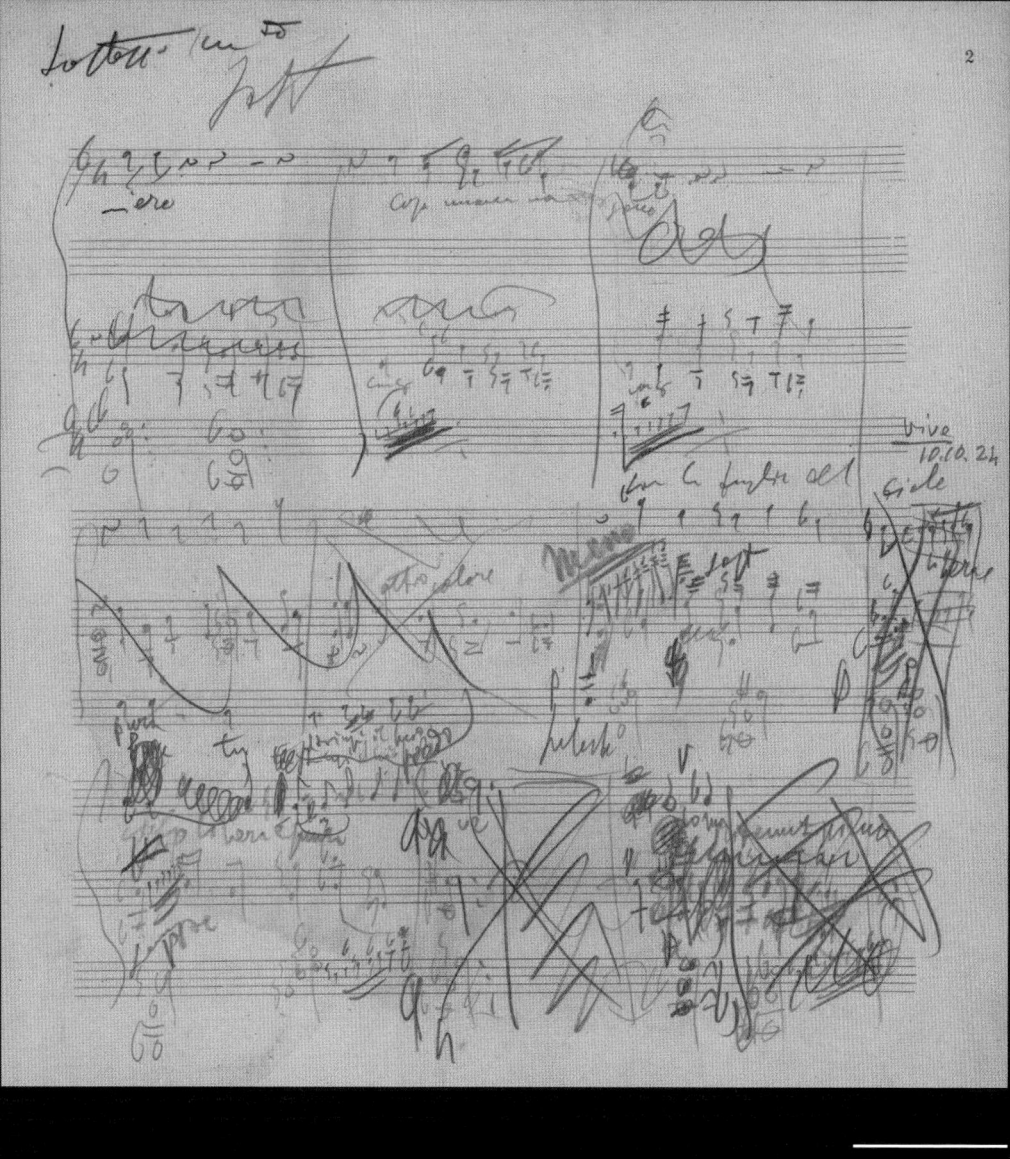

Puccini scrisse a un amico che Toscanini era rimasto piuttosto colpito dall'ascolto, e fu in quell'occasione che affermò in tono profetico: "L'opera verrà rappresentata incompleta, e poi qualcuno uscirà alla ribalta e dirà al pubblico: 'A questo punto il Maestro è morto!' ".[1] Il finale, senza dubbio, non era ancora stato pensato in ogni dettaglio: in quel caso Toscanini, dotato di

1. Arnaldo Fraccaroli, *Giacomo Puccini si confida e racconta*, Ricordi, Milano 1957, p. 260.

una memoria leggendaria, avrebbe potuto indicare una struttura - basilare
ma completa - che un altro compositore avrebbe potuto seguire. Tuttavia,
come rivelano questi schizzi, non si trattava di un "abbozzo continuativo"
(come lo storyboard di un film, per esempio) che aveva solo bisogno di
essere "rimpolpato". Si trattava invece, in larga parte, di una raccolta degli
appunti "a sé stesso" del compositore, a volte a malapena decifrabili, altre

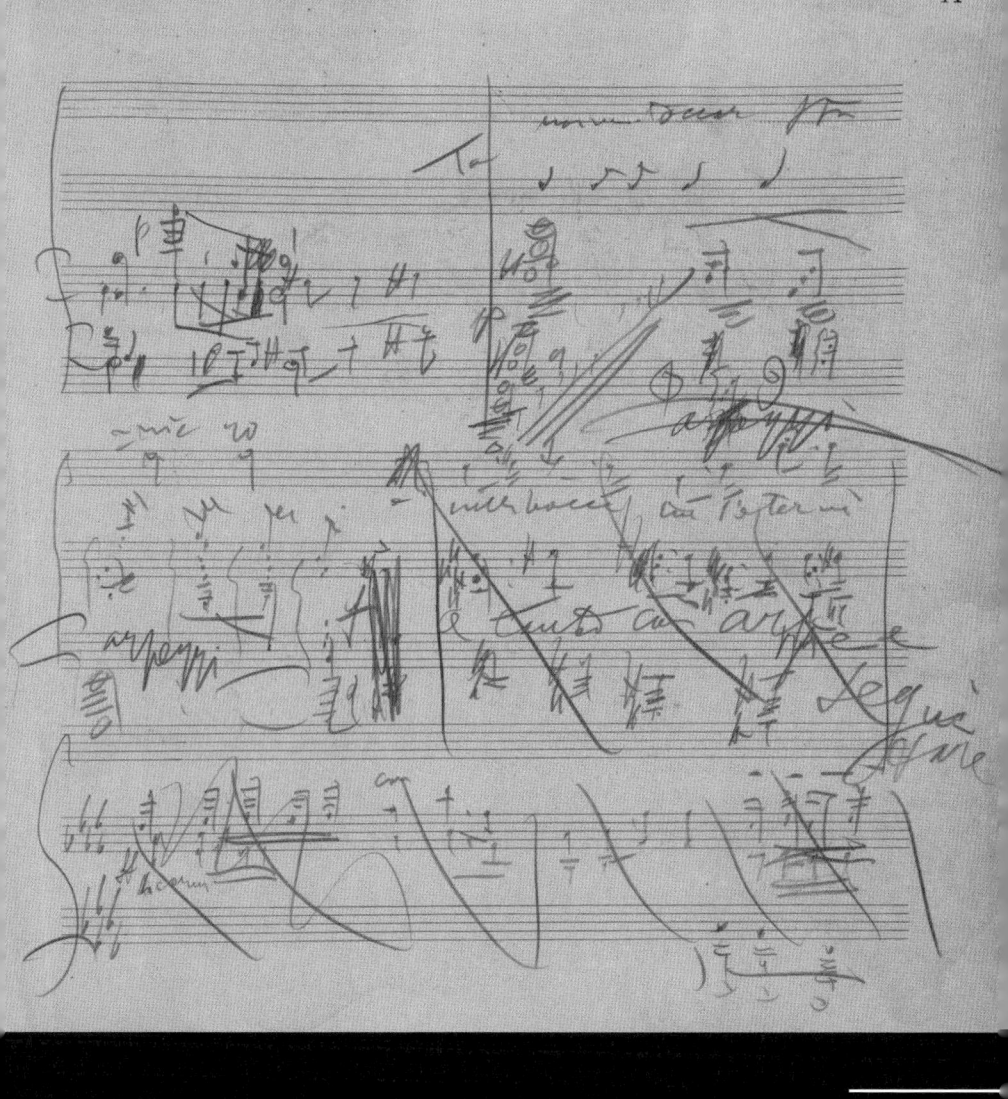

completamente cancellati. Proponiamo qui un esempio degli abbozzi che Puccini aveva con sé al momento della morte. Gli esperti scelti dai dirigenti di Casa Ricordi individuarono gli schizzi "più pertinenti", utili al completamento dell'opera: questi appunti rappresentano, in senso letterale, gli ultimi pensieri musicali di Puccini. Vi troviamo alcuni brevi segmenti riconoscibili, come il

compositore volesse una grandiosa ripresa corale del "Nessun dorma" come
gesto conclusivo dell'opera. Per il resto, Franco Alfano (il compositore scelto
per completare l'opera) si ritrovò da solo ad affrontare un compito decisamente arduo. Come scrive Roger Parker, per quanto riguarda lo stile di Alfano
"fece pochissimi sforzi per adattare la propria tecnica alla pratica pucciniana",
scegliendo di chiudere Turandot "con la propria voce orchestrale". Toscanini

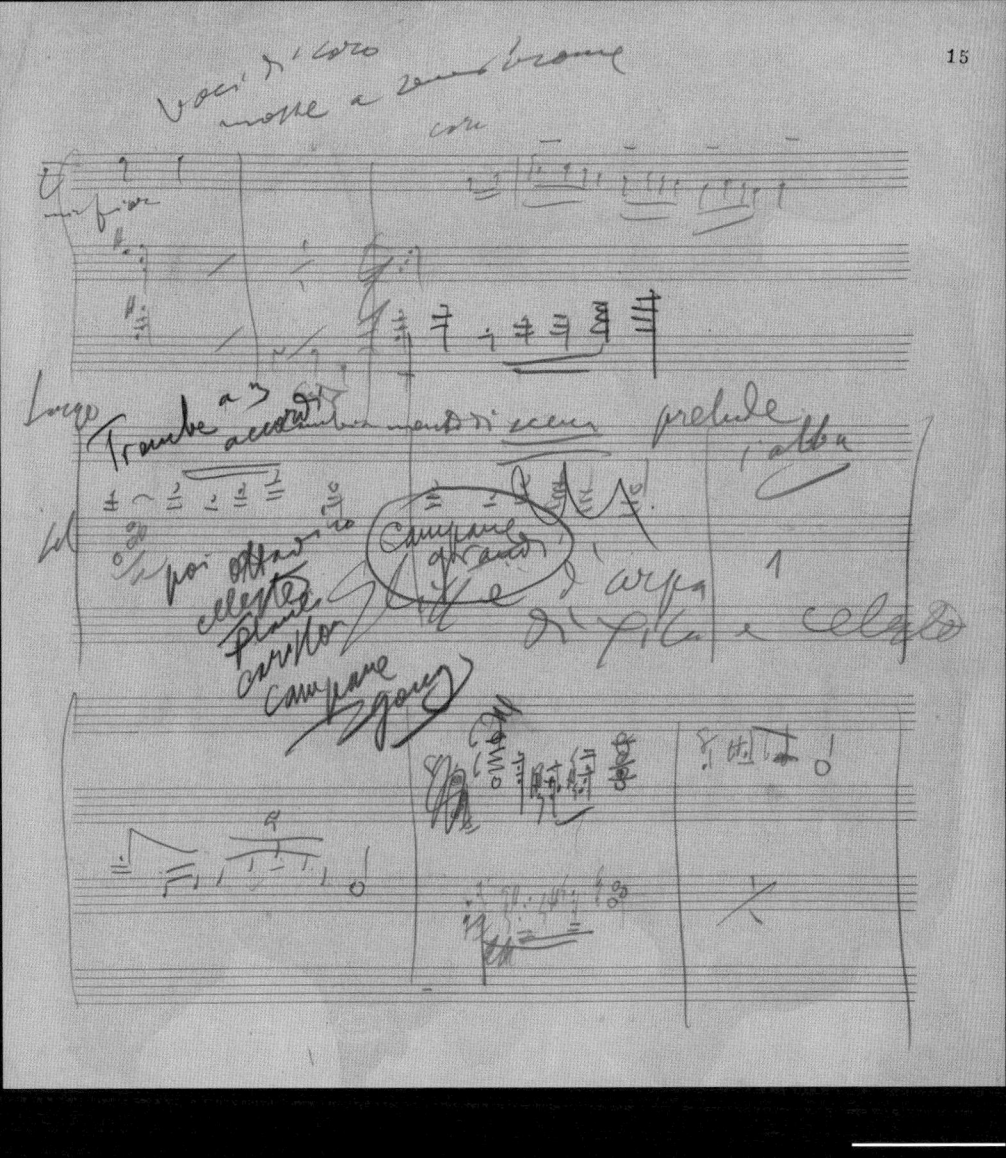

accorciarla in modo sostanziale. Alla fine, la conclusione scritta da Alfano venne accolta dal pubblico di tutto il mondo e oggi è considerata parte integrante del resto dell'opera. Grazie alla loro eloquenza grafica, questi schizzi risultano affascinanti anche agli occhi di chi non è un esperto del settore. E, alla luce del contesto in cui furono realizzati, si rivelano commoventi: rappresentano infatti uno scorcio su una fase finale e sfuggente del processo creativo di Puccini.

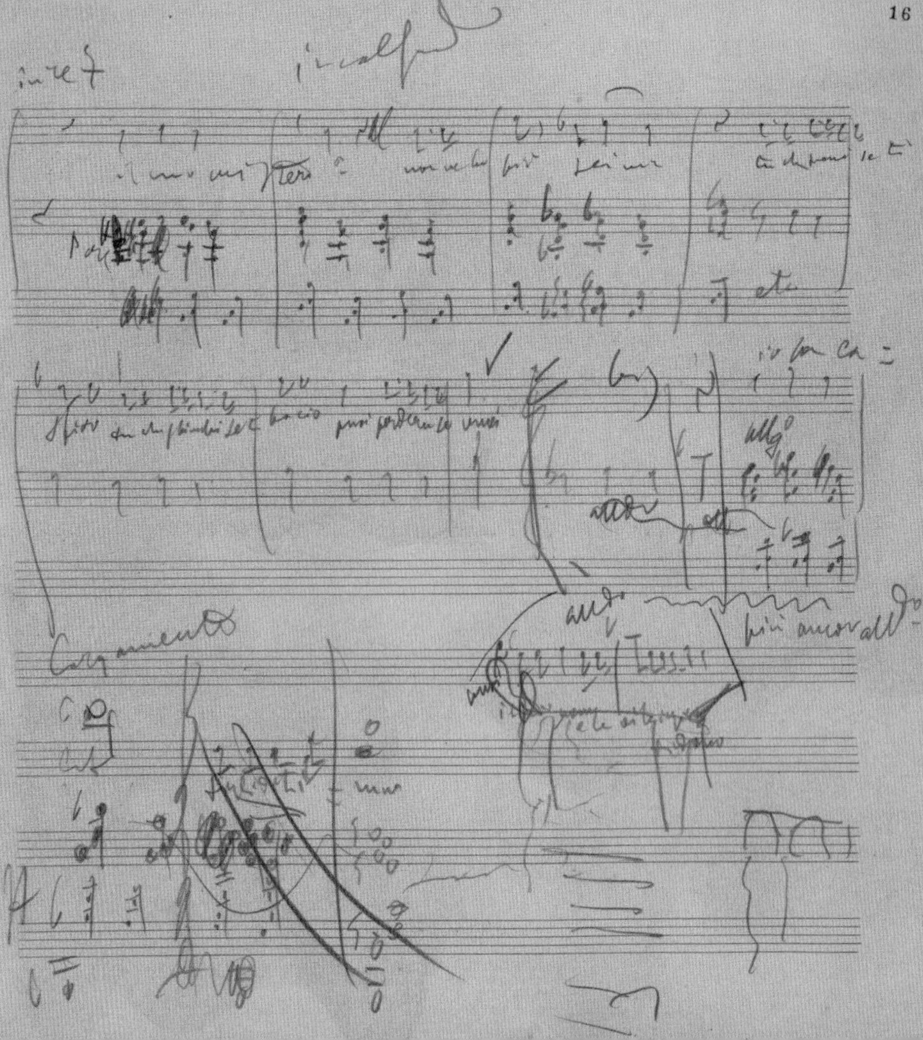

poi Tristano

10.

L'eredità di Puccini

nei documenti dell'Archivio Storico Ricordi

Maria Pia Ferraris

Il lavoro di ricerca e scavo archivistico intorno alla mostra ha gettato una luce nuova sulla ricca collezione di documenti pucciniani conservati nell'Archivio Storico Ricordi, dimostrando una volta di più che la ricchezza documentaristica ivi custodita permette di studiare e approfondire temi sempre diversi. Sono più di 750 i documenti iconografici originali fra bozzetti, figurini, tavole di attrezzeria e note di regia, 261 i libretti manoscritti e a stampa, 380 le lettere autografe inviate dal Maestro alla Casa e una novantina i suoi ritratti fotografici oltre alle tante foto di scena di spettacoli e interpreti, 29 i volumi che raccolgono le partiture autografe delle undici opere su dodici composte da Puccini.

Sono solo alcuni dei "numeri" che sottolineano l'importante presenza di Giacomo Puccini nell'Archivio Storico Ricordi. A questi si aggiungono molti altri documenti a cominciare dai contratti stipulati con l'editore Ricordi, il primo dei quali fu firmato il 5 giugno 1884 negli uffici in via degli Omenoni, vicino al Teatro alla Scala, per l'opera "Willis (Le Villi) e di un'altra opera da farsi". Ha inizio in quel momento un sodalizio fra il compositore toscano e la Casa musicale milanese che durerà fino alla scomparsa del Maestro.

Tutte le partiture autografe delle opere composte da Giacomo Puccini nell'arco della sua carriera dall'esordio appunto con *Le Villi* nel 1884 fino all'incompiuta *Turandot* del 1924 - eccetto *La Rondine* edita da Sonzogno - sono custodite nell'Archivio Storico Ricordi. Le carte sono state riportate al loro stato originale, dopo un restauro conservativo, ora non più rilegate in volumi, ma slegate e conservate in apposite cartelle, come in realtà arrivavano all'editore, man mano che Puccini componeva. Sono fogli di diverse dimensioni, ricchi di musica ma anche di annotazioni registiche, talvolta di disegni, persino di piccoli autoritratti caricaturali, di pecette ossia tanti ritagli di carta di diverse dimensioni, incollati a nascondere una precedente idea, e riscritti con nuove soluzioni compositive più efficaci. A queste si aggiunge anche una preziosa cartella bordeaux chiusa da nastri contenente i 23 fogli sciolti degli schizzi di *Turandot*, ossia le pagine di musica che Puccini aveva con sé a Bruxelles con l'intento di terminare l'opera, ma che rimasero appunto degli "schizzi" per la morte del loro autore. Sono esposti in mostra alcuni dei fogli più significativi a cominciare dalla carta 1 con le parole "principessa di gelo" che risaltano fra le note e le cancellature. Questi sono gli stessi appunti che servirono poco dopo al compositore Franco Alfano - incaricato di finire l'opera - per scrivere il "Finale Atto III". Ricordi rilegò secondo l'uso di allora le 63 carte sciolte del nuovo finale, scritte a matita, in un volume in tela e pelle. Grazie a questo e alle 450 pagine della partitura autografa di Puccini fu possibile stampare l'edizione destinata ad Arturo Toscanini, che avrebbe diretto la prima assoluta al Teatro alla Scala la sera del 25 aprile del 1926.

L'esemplare di questa edizione per il noleggio è tuttora conservato in Archivio, è un volume di 398 pagine che in copertina riporta la dicitura manoscritta in rosso: "Originale con le ultime modifiche apportate dal M° Toscanini durante le prove al Teatro alla Scala 1926". Insieme sono giunte sino a noi anche le lastre originali in metallo servite per la stampa, sulle quali gli abili incisori della Casa riportavano a mano nota per nota la partitura autografa.

Se questi documenti possono costituire una fonte preziosa per i musicologi, altrettanto interessante può risultare un intero faldone custodito in Archivio che raccoglie la rassegna stampa di *Turandot*, sia della prèmiere scaligera che di tutte le successive rappresentazioni nei teatri italiani ed esteri. Sono decine di articoli delle principali testate giornalistiche e di settore, una fonte di ricerca e di studio per meglio conoscere la ricezione da parte del pubblico e della critica dell'ultima opera del Maestro toscano. Puccini è figlio del suo tempo, un periodo dalla fine dell'Ottocento ai primi vent'anni del Novecento ricco di stimoli e di novità. La vita si fa sempre più frenetica, le scoperte si susseguono, le distanze fra città e continenti si riducono. Se nel 1893 Puccini acquista la sua prima bicicletta, ben presto questa sarà sostituita da diverse automobili sempre più veloci e moderne. Ne parla lo stesso Puccini nelle lettere che scrive al suo editore, in cui gli argomenti di carattere musicale si alternano a quelli di vita quotidiana. Lo scambio epistolare comprende lettere, biglietti, telegrammi, cartoline scritte da Puccini alla Casa, dal 1891 al 1924, i cui destinatari sono principalmente: Giulio Ricordi - nipote del fondatore Giovanni - il figlio di questi Tito II e Carlo Clausetti. Una parte del fondo epistolare è indirizzato proprio a quest'ultimo, che Puccini appellava spesso come "Claudio" giocando sul cognome, che aveva assunto la gerenza della Casa insieme a Renzo Valcarenghi nel 1919, all'indomani delle dimissioni di Tito II. Fonte inesauribile di informazioni, le lettere permettono di seguire l'iter creativo, e anche comprendere la personalità del compositore, soprattutto grazie allo stretto rapporto intercorso con Giulio Ricordi. Un solo esempio a riguardo lo si può rintracciare in una lettera del 1891 - durante la composizione non priva di ostacoli di *Manon Lescaut* - in cui il "sor" Giulio, come spesso lo apostrofava il musicista, gli scrive: "Ella dissemi che mi considera come un padre!...se ciò è vero, mi sento autorizzato a scriverle come avrei fatto a un figlio". In questo caso Puccini non è il mittente, bensì il destinatario, e la lettera è stata rintracciata fra i cosiddetti Copialettere, ossia la raccolta delle copie di tutte le lettere in uscita inviate dalla Casa musicale. L'intera collezione va dal 1888 agli anni Sessanta del Novecento per un totale di circa 600.000 lettere. Sono centinaia di migliaia di lettere e telegrammi con valore legale - ogni volume che le riunisce era vidimato dalla Prefettura - inviate sia all'interno dell'azienda - Officine Grafiche, Filiali, negozi, gli stessi membri della famiglia a capo dei vari settori - che al mondo intero.

Al momento sono state individuate quasi 1500 missive fra lettere e telegrammi spedite a Giacomo Puccini. Alcune di queste sono contenute anche in due volumi denominati "Copialettere Riservati Giulio Ricordi".

I Copialettere si sono rivelati una fonte importantissima e imprescindibile in occasione di questa mostra. Il lungo lavoro di ricerca che ha portato a sfogliare centinaia di pagine ha permesso di ricostruire i rapporti della Casa non solo con Puccini, ma anche con tutte quelle persone e quelle società che si sono occupate di lui e delle sue opere nel corso degli anni, oltre ai teatri pensiamo ad esempio alle Case discografiche e cinematografiche, intrecciando le informazioni anche con il fondo delle lettere autografe, che consta di più di 31.000 lettere, del quale fanno parte le già citate 380 inviate da Puccini e le quasi 300 in cui fino ad oggi appare menzionato il nome del Maestro.

Le prime incisioni di dischi, che vedono fra i pionieri il tenore Enrico Caruso (il primo Dick Johnson in *La fanciulla del West*) e il soprano Hariclea Darclée (la prima protagonista in *Tosca*), rendono ancora più popolare il compositore e i suoi capolavori. Il termine "grammofono" con cui s'intende sia l'apparecchio che i diritti ad esso legati, fa la comparsa nelle lettere fra il Maestro e la Casa e negli stessi contratti. Le nascenti Case discografiche cominciano così ad apparire fra i destinatari della corrispondenza aziendale, conservata nei Copialettere. Ricordi non incide dischi, questo avverrà molto più tardi nel 1958, ma stabilisce rapporti commerciali con le Case fonografiche, con cui stipula contratti, perché possano incidere arie tratte dalle principali opere pucciniane. Lo stesso avverrà con le Case cinematografiche italiane ed estere concedendo l'utilizzo di brani operistici come colonna sonora, concessi dietro corresponsione di una cifra calcolata al minutaggio e al genere di esecuzione, se solo suonati o anche cantati. Ogni medaglia ha il suo rovescio: se i dischi diffondono le sue musiche al di fuori delle sale teatrali e sono sempre di più i fruitori, dall'altra fanno nascere anche casi di plagio e di pirateria. L'aria per tenore di *Tosca*, "E lucevan le stelle", riappare nel 1920 oltreoceano fra le note di "Avalon", un brano scritto da Al Jolson e Vincent Rose. È stato possibile trovare informazioni su questo interessante caso grazie anche a dei grandi volumi rivestiti in pelle conservati in Archivio che riportano i resoconti dettagliati delle assemblee dei soci della Casa, i *Consigli di Vigilanza*, che permettono di ricostruire passo dopo passo sia questo argomento che mille altri trattati nei consigli di amministrazione. A sua volta la catalogazione dei contratti conservati in Archivio ha permesso di rintracciare informazioni molto interessanti legate ai rapporti della Casa e del compositore con i nuovi fenomeni di diffusione musicale quali la fonografia e il cinema. Nella cartella che raccoglie i contratti "ufficiali" firmati da Puccini e dai librettisti, vi sono anche alcune lettere che per il loro argomento hanno acquisito valore legale. Un esempio, esposto in mostra, è fornito da una lettera dattiloscritta firmata da Puccini del 1905 in cui il Maestro si augura che l'editore riesca ad "impedire che venga abusivamente riprodotta per dischi, cilindri od altro, applicabili agli apparecchi fonografici, qualsiasi mia composizione a voi ceduta".

È dalle riviste edite da Ricordi che possiamo cogliere il crescente interesse per i nuovi mezzi di ascolto, come l'ultimo modello di grammofono e in seguito di radio, ed è sempre dalle loro pagine che emergono le capacità imprenditoriali di Ricordi nel saper tenere vivo l'interesse dei lettori, che sono anche spettatori delle sue opere. Negli anni in cui è attivo Puccini Ricordi esce con diverse testate a cominciare dalla *Gazzetta Musicale di Milano* - fondata nel 1842 - per proseguire dal 1902 con *Musica e Musicisti*, dal 1906 con *Ars et Labor* e dal 1919 con *Musica d'Oggi*. Dall'inizio della carriera e del sodalizio con Ricordi nel 1884 fino al 1924, per limitarci al solo periodo in cui era in vita il compositore, sono 52 i volumi delle riviste fra le cui pagine si possono trovare notizie che riguardino il compositore toscano. Ricordi sapeva creare sia l'aspettativa dell'uscita di una nuova opera pucciniana, sia la curiosità e il desiderio di recarsi a teatro a chi ancora non l'avesse vista, mantenendone desta l'attenzione. Così all'indomani della première di *Bohème*, per ben 27 settimane, a partire dal numero 7 del 13 febbraio 1896 fino al 20 agosto, Ricordi pubblica in prima pagina un figurino disegnato da Adolf Hohenstein per il debutto torinese. Così come nel 1904 Ricordi dona ai lettori nelle pagine di *Musica e Musicisti* lo spartito di *Un bel dì vedremo* da *Butterfly*, rivelando per l'ennesima volta il suo fiuto nel saper cogliere in anticipo ciò che in seguito il pubblico decreterà come un successo.

Ogni novità legata a Puccini, che si parli di opere o della sua ultima automobile, è resa nota, perché Ricordi ha compreso da tempo il valore della pubblicità e di come incuriosire il pubblico. Oltre a una biografia a puntate, Puccini è proposto in tante fotografie che lui stesso invia all'editore e che questi puntualmente pubblica per la gioia dei lettori. Vediamo così il Maestro in motoscafo, in automobile, a spasso per New York, su un cammello davanti alle piramidi o in procinto di imbarcarsi a Genova alla volta di Buenos Aires. Sono una novantina gli scatti fotografici custoditi in Archivio, che vedono

Puccini protagonista, spesso immortalato dai più noti fotografi dell'epoca: da Varischi & Artico ad Attilio Badodi, oltre alle decine di fotografie di scena e degli interpreti, come la serie di 32 pose del soprano Rosina Storchio nelle vesti di Madama Butterfly.

Anche la fotografia è un nuovo mezzo visivo che va imponendosi soprattutto a partire dal nuovo secolo, come a fine Ottocento il manifesto era diventato un mezzo pubblicitario di grande effetto. Di entrambi Ricordi sa intuirne le potenzialità, tanto da creare rubriche e concorsi fotografici sulle sue riviste e venderle al pubblico come nuova forma di collezionismo. Per quanto riguarda i manifesti sviluppa un ramo aziendale - le Officine Grafiche -, che riceve ben presto ordinazioni da tutto il mondo e ha al suo interno l'élite delle migliori firme della grafica del tempo. I poster di *Bohème*, *Manon Lescaut*, *Tosca* o *Turandot* invadono le strade attirando l'attenzione anche del passante più distratto. In Archivio si possono ammirare gli originali di Vespasiano Bignami per *Manon Lescaut* e di Leopoldo Metlicovitz per *Turandot*.

Quando appare Puccini sulla scena teatrale, Ricordi ricopre già da tempo il ruolo non solo di editore, ma anche d'impresario teatrale, grazie a ciò l'Archivio custodisce un Fondo Iconografico comprendente migliaia di tavole fra bozzetti scenografici, disegni di costumi, note registiche - le cosiddette *mise-en-scene* - delle più importanti première a partire dalla metà dell'800. La ricchezza del materiale scenico pucciniano conservatovi è unico ed è un fondamentale tassello "visivo" per poter ricostruire l'intero iter creativo delle sue opere: dalla scelta del libretto, alla composizione, dall'allestimento scenico fino alla rappresentazione e all'accoglienza del pubblico. Il tutto sostenuto da vere e proprie campagne pubblicitarie lanciate da Ricordi nelle sue stesse riviste e accordandosi anche con altre Case come la Manifattura Ginori e le sue celebri ceramiche. Così le silhouettes dei protagonisti ideate da Adolf Hohenstein per *Bohème* oltre a illustrare uno spartito edito da Ricordi diventano la decorazione di una serie di deliziosi piatti, una nuova forma di lancio pubblicitario per Puccini, divenuto la punta di diamante della Casa musicale. Sempre nel Fondo iconografico sono presenti anche dei particolari acquerelli in cui Leopoldo Metlicovitz, altra grande firma delle Officine Grafiche Ricordi, ripropone i momenti salienti di *Tosca*, nel 1900, e di *Madama Butterfly* nel 1904. Diventeranno la matrice per la stampa di una serie di 12 cartoline postali illustrate. La loro vendita è reclamizzata da Ricordi dalle pagine della sua *Gazzetta Musicale* insieme all'uscita degli spartiti del nuovo lavoro pucciniano.

La presenza di Giacomo Puccini in ogni sezione dell'Archivio Storico è una presenza viva sotto ogni punto di vista. Tutti i documenti che lo riguardano in esso custoditi si sono rivelati ancora una volta una fonte inesauribile per la ricerca ad ampio spettro e non solo musicale. Dal materiale iconografico veniamo a conoscenza di come si facesse teatro, del ruolo del compositore e di quello dell'editore nel sistema scenico. Dalle lettere emergono sia l'iter creativo sia momenti di vita privata, che aiutano a cogliere la complessa personalità di Puccini e le doti psicologiche soprattutto di Giulio Ricordi nel saperlo guidare e sostenere con costanza e diplomazia. Ne emerge parallela anche una società in continuo evolversi, con un susseguirsi di invenzioni tecnologiche e la comparsa di nuovi mezzi di comunicazione e di conseguente maggiore e più capillare diffusione della musica stessa. Questo porterà la figura di Giacomo Puccini e le sue opere ad avere un pubblico sempre più vasto e internazionale e Casa Ricordi a un continuo impegno nel mantenere il primato nel campo dell'editoria musicale.

93

L'Archivio Storico Ricordi oggi

94 - pagine seguenti:

Pagina di uno dei cosiddetti Libroni
(registri di produzione) con elencati
pezzi staccati di *Tosca*, 1900

		Puccini G.	3-1-900	Tosca.	Pezz...		
103310	Calloni =	"	"	"	"	Atto I.	Solo di
11	" =	"	"	"	"	—	
12	Cordani =	"	"	"	"	—	Solo di
13	Magnaghi =	"	"	"	"	Atto II.	Solo di
14	Graesan =	"	"	"	"	—	Preghier...
15	Cattaneo =	"	"	"	"	Atto III.	Solo di
16	Graesan =	Serra Francesco	5-7-900	Tosca	di G. Pucci...
17	Pelizzoni =	Marciano Ernesto	26-2-900	Tosca	di G. Pucci...
18	" =	"	"	"	"	D.	D.
19	" =	"	"	"	"	D.	D.
103320	Cremona =	Alassio S.	3-1-900	Tosca di G. Puc...
21	Radaelli =	"	"	"	"	D.	D.
22	Faustti =	"	"	"	"	D.	D.
23	" =	"	"	"	"	D.	D.
24	" =	"	"	"	"	D.	D.
25	" =	"	"	"	"	D.	D.
26	" =	"	"	"	"	D.	D.
27	Bertera =	"	"	"	"	D.	D.
28	Pelizzoni =	Becucci E.	"	"	"	D.	D.
29	Visgardini =	"	"	"	"	D.	D.
103330	Magnaghi =	Bellenghi G.	"	"	"	D.	D.
31	Sala =	Cesi Sigismondo	"	"	"	D.	D.
32	Faustti =	Godfrey Charles jun	"	"	D.	D.
33	Radaelli =	Graziani-Walter C.	"	"	"	D.	D.
34	Sala =	Morlacchi Armanno	"	"	"	D.	D.
35	Marelli =	Wolff Bernardo	"	"	"	D.	D.
36	Sala =	"	"	"	"	D.	D.
37	Marelli =	"	"	"	"	D.	D.

cati per Canto e Pianoforte – Formato in-4:

...adossi: Recondita armonia (Tenore) | 3 –
         Id. trasportata in Mi bemolle | 3 –
...: Non la sospiri la nostra casetta (Soprano) | 3 –
...hia: Se la giurata fede (Baritono) | 3 –
Tosca: Vissi d'arte, vissi d'amore (Soprano) | 3 –
...radossi: E lucevan le stelle... (Tenore) | 3 –
...to II. Preghiera di Tosca: Vissi d'arte, vissi d'amore. | 2 –
...re Trascrizioni facili per Pianoforte. N. 1. Atto I: | 2 –
    D.   D.   „ 2. Atto II: | 2 –
    D.   D.   „ 3. Atto III: | 2 –
... Due Riduzioni per Mandolino e Pianoforte. N. 1. Atto II. | 2 –
    D.   D.   „ 2. Atto III. | 2 –
...o Riduzioni facili e diteggiate per Pianoforte. N. 1. Atto I. | 2 –
    D.   D.   D.   „ 2. Atto II. | 1 50
    D.   D.   D.   „ 3. — | 2 –
    D.   D.   D.   „ 4. Atto III. | 1 50
    D.   D.   D.   Unite | 5 –
...i mani mansuete e pure (nel Duetto Atto III. (Tosca e | 1 –
...ccio–Fantasia per Pianoforte. Op. 268. | 5 –
...sia brillante per Pianoforte a 4 mani. Op. 269. | 6 –
...a Fantasia per Mandolino (o Violino) e Pianoforte | 3 50
...m (finale Atto I). Trascrizione per Pianoforte a 4 mani | 4 –
...tion for Pianoforte | 4 –
...sia drammatica per Pianoforte. Op. 315. | 4 –
...di Cavaradossi: Recondita armonia. Riduzione facile e | 2 50
...ourri per Pianoforte a 2 mani | 5 –
    D.   D.   a 2 mani | 5 –
...urri per Pianoforte a 4 mani | 6 –

95

96

95, 97

Alcune tipologie di documenti
conservati nell'Archivio Storico Ricordi

96

Il Quartiere Latino, Atto II, bozzetto
di Adolf Hohenstein per la prima assoluta de
La bohème, Torino, Teatro Regio, 1° Febbraio 1896

98 - pagine seguenti:

La pagina con il riassunto del contratto de *Le Villi* fra Puccini e Ricordi, 1884

Numero di Protocollo	DATA della cessione	AUTORE	CEDENTE	TITOLO DELL'OPERA
3853	22 Maggio 1884	Thomas	Carl Rosa	Esmeralda
3854	5 Giugno 1884	Puccini	autore	Le Villi e Opera Nuova (Edgar)

CONDIZIONI	Estensione della proprietà	Scadenza quote al cedente	OSSERVAZIONI
Franchi pegno 100 lib. venduti / Franco pegno copia venduta / dello Spartito p.f.e canto / % sul ricavo dei noleggi	Per le stampe: tutti i paesi eccetto Inghilterra / Per le rappne: tutti i Teatri d'Italia e tutti i Teatri italiani di tutti i paesi eccetto Inghilterra	Non fissata	Rosa avrà facoltà di rescindere il contratto se il Sig. Ricordi non riuscirà a far rappresentare l'opera entro 6 anni a partire dal 1° Luglio 1884
Le Villi : L 2000 — e cioè: / 300.— alla firma del contratto e / 700.— alla consegna della partitura / ografa dell'opera ridotta in 2 atti che / à essere fatta alla fine del mese / Novembre 1884.— / l'Opera Nuova L 6800— e cioè / 800.— in rate mensili di L 200— cad / ogni 1° di mese fino al 1° Maggio 86 / 2000.— alla consegna della partitura / ografa, la quale dovrà essere fatta / no l'anno 1886— / % sul ricavo netto dei noli per anni / datare dalla 1ª rapp.ne di ciascun opera / El caso che per le prime riproduzioni i / autori dovessero recarsi fuori di chi— / per assistere alle prove il Sig. Ricordi / à tenuto a compensare loro le spese. / a tutte le somme dovute al M° / cini, il Sig. Ricordi ha la facoltà / pagare al poeta Fontana il 25 % / e convenuto da contratto 16 / ugno 1884.—	Tutti i paesi / per Edgar / V. libro nuovo pag. 16	Anni 8 dalla 1ª rappresent.e della opera / 1ª Villi 30 giugno 1884 / 1° Edgar 21 apr.e 89	Puccini avrà facoltà di rescindere il contratto per quell'opera che non s'avesse potuto far rappresentare durante il periodo d'anni e saranno perdute per Sig. Ricordi le somme già pagate al M° Puccini.— / Sull'Edgar il S. Ricordi pagherà per 12 anni dalla 1ª rappresentazione— il 30 % sul ricavo lordo a Puccini ed il 10 % a Fontana / V. contratto Menon Lescau prolungamento interessenza delle Villi per altri 6 anni e cioè fino al 30 giugno 1896 / p Villi a Puccini — 30 % a Fontana 10 % sulla quota Puccini

Autori

Mario Chiodetti, giornalista e fotografo professionista, ha collaborato con importanti giornali di natura e viaggi e scrive per quotidiani e riviste. Ha pubblicato due libri di racconti e uno di poesie, è autore di testi critici per artisti e cataloghi d'arte, ha esposto le sue fotografie di ritratto in diverse mostre. In ambito musicale, oltre a collaborare con la rivista "Musica", è fondatore del Grande Orfeo, ensemble con il quale propone le romanze da salotto italiane e straniere e la canzone italiana tra Otto e Novecento. Sua è la riscoperta di molti brani di Giulio Ricordi, alias Jules Burgmein, alcuni eseguiti in prima assoluta moderna. Colleziona dischi, autografi musicali e spartiti d'epoca.

Maurizio Corbella è professore associato di musicologia all'Università degli Studi di Milano, dove insegna Teoria e metodi della musica nei media e Storia della musica per film. Ha scritto estensivamente di storia della musica cinematografica e mediatizzazione musicale. È responsabile scientifico di due progetti in corso, tra loro interconnessi e incentrati sulla relazione tra editoria musicale e media audiovisivi: una mappatura degli ecosistemi musicali urbani dell'Italia primo-novecentesca, nell'ambito del partenariato esteso CHANGES, su fondi del Piano Nazionale di Ripresa e Resilienza, e il Progetto di Ricerca di Interesse Nazionale *FILMUSP - Editoria musicale e cinema: Per una storia produttiva della colonna sonora (1958-1976)*.

Gabriele Dotto, direttore scientifico dell'Archivio Storico Ricordi, vanta una lunga carriera nell'editoria accademica (presso le case editrici della University of Chicago e della Michigan State University, di cui è *Director Emeritus*) e in quella musicale (presso Casa Ricordi, prima come redattore capo e in seguito come direttore editoriale, ruolo svolto in contemporanea a quello di direttore dell'Archivio Storico). Ha pubblicato numerosi saggi e tenuto molteplici corsi sull'opera italiana, oltre ad aver curato mostre sull'opera a Milano, Berlino, Bruxelles e New York; è inoltre condirettore generale (insieme a Roger Parker) dell'edizione critica delle opere di Donizetti e direttore generale dell'edizione critica delle opere di Puccini. Attualmente si sta occupando delle edizioni critiche di *Falstaff* di Verdi e di *Madama Butterfly* di Puccini.

Maria Pia Ferraris, laureatasi all'Università degli Studi di Milano, in Storia dell'Arte Medievale e Moderna, con una tesi sulla figura di Adolf Hohenstein, cartellonista, scenografo e pittore, ha collaborato a ricerche storico-iconografiche con diverse Istituzioni pubbliche e private fra cui il Museo Teatrale alla Scala, l'Archivio Storico Civico e Biblioteca Trivulziana, con pubblicazioni e mostre legate all'ambito musicale e teatrale. Entrata definitivamente nel 1989 presso la Casa musicale Ricordi, con cui collaborava già da alcuni anni, assume presto il ruolo di Archivista Conservatrice dell'Archivio Storico, di cui si occupa ancora oggi, seguendo mostre, ricerche, catalogazione, rapporti con studiosi, case editrici ed enti musicali.

Francesco Finocchiaro è ricercatore in Musicologia nell'Università degli Studi di Milano e *Privatdozent* in musica per film nell'Università di Innsbruck. Si occupa dei rapporti fra composizione, teoria ed estetica nella musica del Novecento. Ha curato l'edizione italiana del trattato di Arnold Schönberg *Il pensiero musicale* (Astrolabio-Ubaldini, 2011) e ha pubblicato vari saggi sulla Scuola di Vienna ospitati in riviste internazionali. Ha insegnato e svolto periodi di ricerca in varie università e conservatori in Italia e all'estero. Tra le sue pubblicazioni, le monografie *Modernismo musicale e cinema tedesco nel Primo Novecento* (LIM e, in lingua inglese, Palgrave Macmillan, 2017), e *Dietro un velo di organza* (AUP, 2020).

Niccolò Galliano è dottorando in musicologia presso l'Università di Milano. Il suo progetto di ricerca indaga la rete industriale di Casa Ricordi negli anni tra le due guerre mondiali, attraverso lo studio dei copialettere aziendali conservati presso l'Archivio Storico Ricordi. S'interessa di editoria musicale nel XX secolo, produzione e consumo degli artefatti discografici e culture dell'ascolto. È stato *research consultant* del progetto "Anonymous Creativity: Library Music and Screen Cultures in the 1960s and 1970s" (Leverhulme Project Grant) ed è *editorial assistant* della rivista "Sound Stage Screen".

Ellen Lockhart è *Assistant Professor* di Musicologia presso la University of Toronto. Ha conseguito un PhD alla Cornell University nel 2011 ed è stata borsista post-dottorato presso la Princeton University dal 2011 al 2014. I suoi articoli sono stati pubblicati da "Representations", "Eighteenth-Century Music" e dal "Cambridge Opera Journal". Il suo libro *Animation, Plasticity, and Music in Italy, 1770-1830* (2017) è uscito per i tipi della University of California Press, con una sovvenzione dell'American Musicological Society. Insieme a James Davies (University of California, Berkeley), ha curato il volume *Sound Knowledge: Music and Science in London, 1789-1851*. Condirettrice responsabile del "Cambridge Opera Journal", si sta occupando de *La fanciulla del West* per la serie di edizioni critiche di Puccini (Ricordi).

Roger Parker, dopo aver insegnato alla Cornell, a Oxford e a Cambridge, è oggi *Professor Emeritus* di Musica presso il King's College di Londra. È condirettore generale (insieme a Gabriele Dotto) dell'edizione critica delle opere di Donizetti, pubblicata da Ricordi, e *Repertoire Consultant* per la casa discografica Opera Rara. Il suo libro più recente, scritto insieme a Carolyn Abbate, si intitola *A History of Opera: The Last Four Hundred Years* (Penguin, 2012; ed. riv. 2015). Dal 2013 al 2018 è stato direttore del progetto del King's College *Music in London, 1800-1851*, finanziato dallo European Research Council. Attualmente sta lavorando a un'edizione completa delle arie da camera di Donizetti e a un libro sulla musica nella Londra degli anni Trenta dell'Ottocento.

Ditlev Rindom, dopo un post-dottorato British Academy presso il King's College di Londra (KCL), è oggi *Visiting Research Fellow* presso il KCL e *Associate Lecturer* presso la Oxford Brookes University. Negli anni del PhD alla University of Cambridge, è stato un *Visiting Fellow* presso la Yale University. I suoi articoli sono stati pubblicati su varie riviste scientifiche, fra cui "19th-Century Music", "Journal of the Royal Musical Association" e il "Cambridge Opera Journal", e ha da poco terminato una monografia dal titolo *Singing in the City: Opera, Italianità and Transatlantic Exchange, 1870-1918*. È inoltre il curatore dell'edizione critica de *La rondine* di Puccini, edita da Casa Ricordi.

Christy Thomas Adams è *Assistant Professor* di Musicologia presso la University of Alabama. La sua ricerca si concentra sul punto d'incontro fra l'opera italiana e le tecnologie mediatiche nate agli albori del Ventesimo secolo, interessandosi alle tematiche della performance e della mediazione. È di prossima pubblicazione, per i tipi di Oxford University Press, la sua monografia sul ruolo giocato da Ricordi nell'ambito della discografia e del cinema muto nei primi decenni del secolo scorso. Ha pubblicato numerosi articoli e capitoli di saggi dedicati a Verdi, Puccini e Mascagni; coltiva la carriera di cantante e attualmente ricopre il ruolo di direttrice esecutiva di "The Opera Journal".

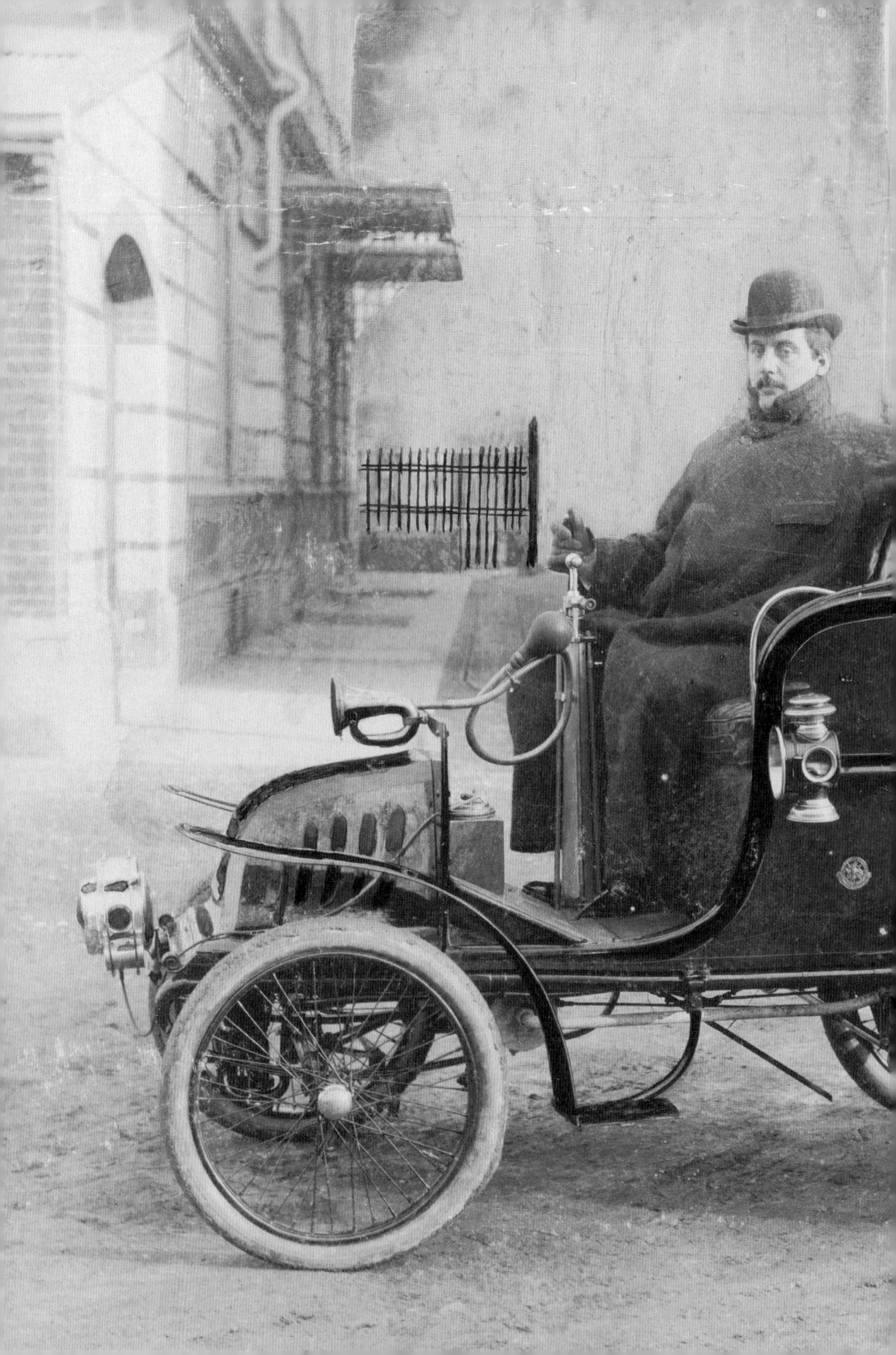

Giacomo Puccini sulla sua prima automobile, una De Dion Bouton 5 cavalli, nel cortile delle Officine Ricordi in Porta Vittoria, Milano, 1902

Note

Note al saggio n. 1 - Puccini e Ricordi
1. Paul Stefan, "Die Stunde", 27 aprile 1926, p. 6.
2. Citato in Julian Budden, *Puccini*, Carocci, Roma 2005, p. 347.
3. Ivi, p. 494.
4. Le tre opere di un atto che compongono il *Trittico* (*Il tabarro*, *Suor Angelica*, *Gianni Schicchi*) sono considerate un'"unità", concepite da Puccini (e quasi sempre rappresentate) come un solo spettacolo nella stessa serata.
5. Mark Katz, *Capturing Sound: How Technology has Changed Music*, University of California Press, Berkeley 2010, pp. 61-62.
6. Fra gli studi fondamentali troviamo A.R. Gilliland e H.T. Moore, *The Immediate and Long-Time Effects of Classical and Popular Phonograph Selections*, in "Journal of Applied Psychology" 8, settembre 1924, citato in Katz, cit., p. 61.
7. Katz, cit., p. 60.
8. Citato in ivi, p. 59.
9. Si veda Stefano Baia Curioni, *Mercanti dell'Opera: Storie di Casa Ricordi*, il Saggiatore, Milano 2011, p. 199.
10. "Musical America", 17 dicembre 1910, citato in Robert Tuggle, *The Golden Age of Opera*, Holt, Rinehart and Winston, New York 1983, p. 71.
11. Si vedano i saggi *Il disco e l'editoria musicale, una difficile convivenza* di Chiodetti e il mio *Una nuova realtà: le rivoluzioni tecnologiche sfidano lo status quo della gestione dei diritti d'autore* nel presente catalogo.
12. Si veda il saggio *Un'esplosione visiva* di Thomas Adams e il saggio *La Biblioteca cinema di Casa Ricordi* di Corbella e Finocchiaro nel presente catalogo.
13. Si vedano i saggi *Il marchio Puccini* di Lockhart e *Nuove opere, nuovi mondi: Puccini e le Americhe* di Rindom nel presente catalogo.
14. "The New York Times", 8 gennaio 1911.
15. Si veda il saggio *Turandot e la Grande tradizione* di Parker nel presente catalogo.
16. *Puccini's Inheritance Part of a Murky Tale That's, Well, Operatic*, "The New York Times", 20 settembre 1990; abbiamo modificato la cifra citata per adattarla all'inflazione.

Note al saggio n. 2 - Il disco e l'editoria musicale
1. Massimiliano Lopez, *Il cagnolino Nipper in Italia: La storia della "Gramophone" italiana*, "Accademie e Biblioteche d'Italia" (Gangemi, Roma, gennaio-giugno 2019), 95.
2. F.W. Gaisberg, *La musica e il disco* (Fratelli Bocca, Milano, 1949), 61 e 62.
3. Per questa commissione Puccini scrisse "Canto d'anime (Pagina d'album)", su testo di Luigi Illica.
4. Stefano Baia Curioni, *Mercanti dell'Opera: Storie di Casa Ricordi* (il Saggiatore, Milano, 2011), 201.

Note al saggio n. 3 - Un'esplosione visiva
1. *Teatri, teatrini, ecc.*, "Corriere di Napoli", 4 aprile 1896. Citato in Aldo Bernardini, *Cinema muto italiano: I. Ambiente, spettacoli e spettatori 1896-1904*, 3 voll., vol. 1, Laterza, Roma-Bari 1980, p. 31.
2. "La patria", 21 settembre 1905, citato in Michele Canosa, "Una breccia nello schermo: 'La presa di Roma' di Filoteo Alberini", in *1905. La presa di Roma: Alle origini del cinema italiano*, Michele Canosa, a cura di, Cineteca di Bologna, Bologna 2006, p. 12.
3. Edipi, *Cinematografo*, "Fiammetta" 1, no. 23 (4 ottobre 1896), 2-3, citato in *Early Film Theories in Italy, 1896-1922*, Francesco Casetti, a cura di, con Silvio Alovisio e Luca Mazzei, Amsterdam University Press, Amsterdam 2017, p. 45.
4. Gaio [Adolfo Orvieto], *Spettacoli estivi. Il cinematografo*, "Corriere della Sera" 32, no. 228 (21 agosto 1907), 3, citato in *Early Film Theories in Italy*, cit., p. 52.
5. Crainquebille [Enrico Thovez], *L'arte di celluloide*, "La Stampa", 42, n. 209, 29 luglio 1908, p. 3.
6. *Early Film Theories in Italy*, cit., p. 52.
7. Crainquebille, cit.
8. I-Mr, *Copialettere 1926-27*, vol. 10 n. 130, lettera alla Società Italiana degli Autori, datata 29 marzo 1927, firmata Renzo Valcarenghi e Alfredo Colombo.
9. *Ivi*.

Note al saggio n. 4 - La Biblioteca cinema di Casa Ricordi
1. Ricerche recenti hanno ricondotto alla collezione un totale di 96 titoli, ma non è escluso che nuovi ritrovamenti possano portare ad aggiornare il conteggio. Cfr. Mauro Canali, *Scene musicali per films cinematografiche. Struttura, contesto e analisi della raccolta Biblioteca Cinema di Ricordi*, tesi di Laurea Magistrale in Scienze della musica e dello spettacolo, Università degli Studi di Milano, a.a. 2020-2021.

Note al saggio n. 5 - Nuove opere, nuovi mondi: Puccini e le Americhe
1. Giacomo Puccini ad Alfredo Caselli, Londra 1900, ristampato in *Carteggi Pucciniani*, Ricordi, Milano 1958, p. 201.
2. *The Music Trust that Reigns over Italian Opera*, "The New York Times", 8 gennaio 1911.
3. Ristampato nell'appendice a Gustavo Gabriel Otero e Daniel Varacalli Costas, *Puccini en la Argentina: junio-agosto de 1905*, Instituto Italiano de Cultura, Buenos Aires 2006.
4. Giacomo Puccini, "El Diario", 23 giugno 1905.
5. *Puccini here; His opera view*, "The New York Times", 18 novembre 1910.
6. *Triple Premiere at Metropolitan*, "The Sun", 15 dicembre 1918.

Note al saggio n. 6 - Il marchio Puccini
1. Fausto Colombo, *La cultura sottile: media e industria culturale in Italia dall'Ottocento agli anni Novanta*, Bompiani, Milano 2008, pp. 87-88.
2. Michela Ronzani, *"Melodramma," Market and Modernity: Opera in Late Nineteenth-Century Italy*, dissertazione di dottorato, Brown University, 2015, p. 113.
3. Luca Cottini, *Art of Objects: The Birth of Italian Industrial Culture, 1878-1928*, University of Toronto Press, Toronto 2018, p. 113.
4. Ibidem, p. 113.
5. Ronzani, cit., pp. 133-134.
6. Ibidem, pp. 114-115.
7. Cottini, cit., pp. 113-114.
8. Si veda Arthur Groos, *Madama Butterfly/Madamu Batafurai: Transpositions of a "Japanese Tragedy"*, Cambridge University Press, Cambridge 2023, pp. 92-93.

Note al saggio n. 7 - Una nuova realtà

1. Nel 2019 *The Sunday Times Rich List* indicò Webber come il musicista più ricco del Regno Unito (ancor più di Paul McCartney), con un patrimonio superiore al miliardo di dollari.
2. John Rosselli, *The New System: Verdi as Money-Maker*, in *Verdi Festival Essays, Royal Opera House*, Alison Latham, a cura di, ROH, Londra 1995, p. 12 (i corsivi sono miei).
3. Si veda Maria Iolanda Palazzolo, *La nascita del diritto d'autore in Italia: Concetti, interessi, controversie giudiziarie (1840-1941)*, Viella, Roma 2013, pp. 68-69.
4. Benedict Atkinson e Brian Fitzgerald, *A Short History of Copyright: The Genie of Information*, Springer, Heidelberg 2014, p. 72.
5. Come riportato da David Hinckley in *Broader Principles: ASCAP*, "New York Daily News", 22 marzo 2004. Secondo un'altra versione dell'aneddoto, Puccini ed Herbert udirono uno dei brani di quest'ultimo, e sarebbe accaduto nel 1914 (ma è improbabile, dato che Puccini quell'anno non visitò New York).
6. Si veda il saggio *Avalon & Cho-Cho-San. La causa tra Giacomo Puccini e Casa Ricordi del 1923* di Galliano presente in questo catalogo.
7. Citato in Michael Kaye, *The Unknown Puccini: A historical perspective on the songs [...]*, Oxford University Press, New York 1987, pp. 103-104.
8. David Suisman, *Selling Sounds: The Commercial Revolution in American Music*, Harvard University Press, Boston 2009, p. 170.
9. Ivi, pp. 168-169.
10. Atkinson e Fitzgerald, cit., p. 56.
11. Ivi, p. 64.
12. Suisman, cit., p. 168.
13. Le cifre sono tratte dal *Biennial United States Census of Manufactures*, 1921, p. 1145, citato in ivi, p. 160. Per avere un metro di paragone, i 2,2 milioni di dollari del 1899 e i 10,2 milioni del 1904 equivalgono, rispettivamente, a circa 84 milioni di dollari e a 363 milioni di dollari del 2024.
14. Si veda Alex Sayf Cummings, *Democracy of Sound: Music Piracy and the Remaking of American Copyright in the Twentieth Century*, Oxford University Press, Oxford 2013, p. 30. Riguardo a Berliner, si veda il saggio *Il disco e l'editoria musicale, una difficile convivenza* di Chiodetti nel presente catalogo.
15. I-Mr, *Consiglio di vigilanza*, verbale del 27 febbraio 1906, citato in Stefano Baia Curioni, *Mercanti dell'opera: storie di casa Ricordi*, il Saggiatore, Milano 2011, p. 200.
16. Robert Grau, *The 'talking' picture and the drama*, in "Scientific American", 105/7, 12 agosto 1911, pp. 155-156.
17. Atkinson e Fitzgerald, cit., p. 73.
18. In proposito, si veda il saggio *Un'esplosione visiva* di Thomas Adams presente in questo catalogo.

Note al saggio n. 8 - *Avalon & Cho-Cho-San*

1. Al Jolson & Vincent Rose, *Avalon*, fox trot song (Detroit: Jerome H. Remick & C., 1920).
2. Al Jolson/Henry Burr, *Avalon/Old Pal, Why Don't You Answer Me?*, 78 RPM, Columbia (A2995), 1920.
3. Giacomo Puccini, Hugo Frey, Jesse Winne, *Cho-Cho-San*, song fox trot (New York: G. Ricordi & C., 1921).
4. *Il m.° Puccini contro casa Ricordi: Tosca e Butterfly adattate a fox-trot?*, "Corriere della Sera", 16 ottobre 1923, 4.
5. *Puccini Wins Damages for 'Butterfly' Jazz*, "The New York Times", November 21, 1923, 21.
6. *Opera Themes as Fox-Trots*, "The Straits Times", November 24, 1923, 2.
7. Lettera di Renzo Valcarenghi e Carlo Clausetti a G. Ricordi & C. New York, 28 dicembre 1923, in I-Mr, Copialettere 1923-24. Originale in francese.
8. George Gershwin, *Jazz Is the Voice of the American Soul*, "Theatre Magazine" (June 1926), 52B.
9. Lettera di Renzo Valcarenghi e Carlo Clausetti a G. Ricordi & C. New York, cit.
10. *Occasional Notes*, "The Musical Times" 71, no. 1049 (July 1930), 607-11.
11. Dino Olivieri, Nino Rastelli, *Tornerai* (Milano: Leonardi, 1937).

Crediti delle immagini

01	Foto di Allegranti e Miniati, 1909. Archivio Storico Ricordi
02	Archivio Storico Ricordi
03	Credito non identificato*
04	Articolo apparso sulla rivista "Ars et Labor", 1910. Archivio Storico Ricordi
05	Treviso, Museo nazionale Collezione Salce – Direzione regionale Musei Veneto, su concessione del Ministero della Cultura
06	Archivio Storico Ricordi
07	*The New York Times*
08	Archivio Storico Ricordi
09	CC0-SA
10	Treviso, Museo nazionale Collezione Salce – Direzione regionale Musei Veneto, su concessione del Ministero della Cultura
11	Foto di Mauro Ranzani, Collezione Mario Chiodetti
12	Foto di Mauro Ranzani, Collezione Mario Chiodetti
13	Treviso, Museo nazionale Collezione Salce – Direzione regionale Musei Veneto, su concessione del Ministero della Cultura
14	Foto di Mauro Ranzani, Collezione Mario Chiodetti
15 – 26	Foto di Mauro Ranzani, Collezione Mario Chiodetti
27	Pinacoteca di Brera – Biblioteca Braidense, Milano, su concessione del Ministero della Cultura
28	RYM music database
29	Credito non identificato*
30	RYM music database
31 – 33	Collezione Ivo Blom
34	Foto di White,1910, Archivio Storico Ricordi
35	Archivio Storico Ricordi
36	Treviso, Museo nazionale Collezione Salce – Direzione regionale Musei Veneto, su concessione del Ministero della Cultura
37	Treviso, Museo nazionale Collezione Salce – Direzione regionale Musei Veneto, su concessione del Ministero della Cultura
38	Museo Nazionale del Cinema, Torino, su concessione
39	Museo Nazionale del Cinema, Torino, su concessione
40	Museo Nazionale del Cinema, Torino, su concessione
41	Archivio Storico Ricordi
42	Biblioteca del Conservatorio "G. Donizetti", Bergamo, su concessione
43	Foto di Achille Testa, Archivio Storico Ricordi
44	Foto di Achille Testa, Archivio Storico Ricordi
45	Foto di MTB, Archivio Storico Ricordi
46	Archivio Storico Ricordi
47	Archivio Storico Ricordi
48 – 49	Scatti fotografici di White, Archivio Storico Ricordi

Nonostante un'attenta analisi e ricerca, in alcuni casi non è stato possibile identificare il titolare dei diritti. Se avete informazioni sui titolari dei diritti o se siete voi stessi i titolari, contattateci.

50 - 51	Scatti fotografici di White, Archivio Storico Ricordi
52	Archivio Storico Ricordi
53	Foto di Mauro Ranzani, Archivio Storico Ricordi
54 - 55	Foto di Mauro Ranzani, Collezione Bigongiari
56	Foto di Mauro Ranzani, Collezione Bigongiari
57	Foto di Mauro Ranzani, Collezione Bigongiari
58	Credito non identificato*
59	Collezione Dotto
60	Collezione Bigongiari
61 - 62	Foto di Mauro Ranzani, Collezione Bigongiari
63	Collezione Bigongiari
64	Archivio Storico Ricordi
65	Treviso, Museo nazionale Collezione Salce – Direzione regionale Musei Veneto, su concessione del Ministero della Cultura
66	Archivio Storico Ricordi
67	Archivio Storico Ricordi
68	G. Ricordi & C., New York, 1921
69	*Corriere della Sera*
70	*The New York Times*
71	Dion Titheradge, Joseph Tunbridge, Jack Walker, *Silver Wings*, selezione per pianoforte (London: Chappell, 1930)
72	Dino Olivieri, Nino Rastelli, *Tornerai* (Milano: Leonardi, 1937)
73	Archivio Storico Ricordi
74	Archivio Storico Ricordi
75 - 78	Archivio Storico Ricordi
79	Archivio Storico Ricordi
80	Archivio Storico Ricordi
81	Archivio Storico Ricordi
82	Museo Teatrale alla Scala
83	Archivio Storico Ricordi
84	Archivio Storico Ricordi
85 - 92	Archivio Storico Ricordi
93	Foto di Giovanna Silva, Archivio Storico Ricordi
94	Archivio Storico Ricordi
95	Archivio Storico Ricordi
96	Archivio Storico Ricordi
97	Archivio Storico Ricordi
98	Archivio Storico Ricordi
99	Foto di Manolo Ricordi, Archivio Storico Ricordi

Un nuovo sguardo su Puccini

L'artista Hadi Karimi si ispira a fotografie storiche per creare ritratti in 3D realistici

Fra i momenti salienti della mostra troviamo un modello digitale in 3D che raffigura il compositore italiano all'età di quarantadue anni. È stato realizzato da Hadi Karimi, artista iraniano che con le sue sculture tridimensionali ha dato nuova vita a numerosi personaggi famosi. Karimi ha inaugurato la propria carriera di artista digitale quasi quindici anni fa, e in poco tempo si è appassionato ai ritratti e all'arte in 3D. Dal 2011 presenta le sue opere online (dal 2019 anche su Instagram) e da allora ha raggiunto una fama internazionale. Karimi crea ritratti di celebrità contemporanee, fra cui ricordiamo l'attore Tom Hanks e il cantante Freddie Mercury, ma anche compositori del passato come Beethoven, Chopin e Bach. Come ha dichiarato lui stesso, l'interesse per queste ultime figure è legato al suo amore per la musica classica. Realizzare ritratti tridimensionali di personaggi famosi vissuti secoli fa rappresentata una sfida impegnativa per l'artista, che può affidarsi esclusivamente a dipinti, descrizioni e talvolta a maschere mortuarie: in questi casi, la creazione dell'opera può richiedere mesi interi. Per quanto riguarda invece le celebrità più recenti, Karimi può attingere a numerosi video e fotografie, il che semplifica il processo e ne accorcia le tempistiche. Per il ritratto di Puccini si è avvalso di entrambi i tipi di materiale visivo: «Esistono delle fotografie di Puccini ma sono perlopiù di scarsa qualità, soprattutto quelle che lo ritraggono in età più giovane» ha spiegato Hadi Karimi. Il modello principale per il ritratto di Puccini è stata la famosa fotografia in bianco e nero scattata nel 1900. L'artista ha impiegato diverse settimane a realizzare il modello in 3D, anche grazie all'aiuto dell'artista Leila Khalili. Il risultato, di grande effetto, sarà esposto per la prima volta al pubblico in occasione di questa mostra.

Modello digitale 3D di Hadi Karimi e Leila Khalili, 2024

Giacomo Puccini nel 1900
ritratto fotografico dello Studio Bertieri di Torino
Archivio Storico Ricordi

operameetsnewmedia.com